El CIELO y el INFIERNO

La enseñanza bíblica
sobre las doctrinas de

El CIELO y el INFIERNO

Edward Donnelly

EL ESTANDARTE DE LA VERDAD

EL ESTANDARTE DE LA VERDAD
3 Murrayfield Road, Edimburgo EH12 6EL
P O Box 621, Carlisle, PA 17013, EE.UU.

Publicado por primera vez en inglés por
The Banner of Truth con el título
Biblical Teaching on the Doctrines of Heaven and Hell, 2001
Primera edición en español: 2009

ISBN 978-0-85151-841-1

Traducción: Gema Gutiérrez Valdivieso
Revisión: Mª Ángeles Belmonte Muñoz
Diseño de la cubierta: Samuel Cabrera Fernández

La presente edición se publica en colaboración con
EDITORIAL PEREGRINO, S.L.

Impreso en EE.UU. por
Versa Press, Inc.
East Peoria, IL.

Printed in USA

A nuestros amigos de la
Conferencia Familiar del Sudeste
en Dayton (Tennessee),
con amor y gratitud.

Índice

1
Pensar lo impensable

EL INFIERNO. ¡QUÉ TEMA TAN HORRIBLE! Se le ha denominado el horror final del universo. ¿Qué tipo de persona querría escribir acerca del Infierno y quién se interesaría en leer acerca de ello? Parece una preocupación morbosa y extraña que tiende a confirmar la sospecha de que los cristianos son pesimistas por naturaleza. Supón que un conocido te preguntara mientras lees estas páginas: "¿Qué es eso que tienes?". "Es un libro acerca del Infierno", contestas. ¿Te resultaría embarazoso? No parece la mejor forma de hacer amigos ni de influir en las personas. ¿Realmente queremos pasar nuestro tiempo pensando en una cosa tan terrible?

El Infierno es, sin duda, un tema desagradable y, por naturaleza, somos reacios a estudiarlo. Hay muchas otras verdades de la Escritura que son sumamente atractivas, y estudiarlas es un placer. Elevan nuestros espíritus y deseamos aprender más. Sin embargo, sentarnos a reflexionar acerca del destino de los condenados llena nuestros corazones de tristeza. Nos invade una sensación de terror, porque la cuestión es pesimista y terrible. La vida ya es lo suficientemente dura tal y como es. ¿Por qué tomarnos la molestia de deprimirnos? Instintivamente, dirigimos nuestra atención hacia cuestiones más alentadoras.

¿Por qué, pues, deberíamos pensar en el Infierno? Necesitamos buenas razones porque, a no ser que estemos convencidos de que tal estudio nos será de ayuda, no nos apetecerá abordarlo. Debemos poder prever que este estudio nos fortalecerá espiritualmente; debemos estar convencidos de que descuidar esta doctrina pondrá en peligro nuestras propias almas y las almas de las generaciones venideras.

Es importante pensar en el Infierno por tres razones principales.

Su importancia intrínseca

La primera razón es su importancia intrínseca. Todo en la Biblia es importante, por supuesto, pero algunas verdades son más trascendentales que otras. Si pasamos por alto los aspectos sutiles de la doctrina de los ángeles —por ejemplo— o algunos detalles de las leyes acerca de la comida en el Antiguo Testamento, estaremos siendo de lo más mezquinos; pero no estaremos condenados. Otras doctrinas, sin embargo, son indispensables. Richard Baxter instaba a los pastores a predicar "principalmente acerca de las verdades más grandes, más ciertas y más necesarias". "Hay muchas otras cosas —dice— que es conveniente conocer, pero esto debe conocerse, pues, de otro modo, nuestra congregación está perdida para siempre[1]". El Infierno es una doctrina así. "Debe conocerse".

Podemos ilustrar su importancia de cuatro maneras.

La primera es *la enorme cantidad de testimonio bíblico*. El Infierno no es una cuestión a la que la Escritura haga referencia solo de vez en cuando, en uno o dos pasajes oscuros. Al contrario, hay porciones extensas de la Palabra de Dios que abordan esta doctrina. La Biblia alude con más frecuencia a la ira de Dios que a su amor. El Antiguo Testamento está repleto de los fieros juicios del Señor sobre sus enemigos: atisbos del Infierno. Nuestro Señor Jesucristo tenía mucho más que decir acerca del Infierno que del Cielo. Quizá parezca sorprendente, pero es cierto. Cristo era el amor encarnado, lleno de compasión y misericordia y, sin embargo, habla muy frecuentemente del Juicio y del castigo eterno. Aun su título de "Salvador" dirige la atención hacia el Infierno. Un salvador tiene que salvar de alguna cosa, y el Infierno es el espantoso destino del que Él nos rescata. Hacia el final del libro de Apocalipsis, Dios está poniendo fin a su Palabra escrita. Es sorprendente que, junto a los recuerdos de las glorias del Cielo, las páginas finales de la Escritura dejen ecos espantosos en nuestra conciencia: "[El] abismo... el lago que arde con fuego y azufre, que es la muerte segunda... fuera" (Apocalipsis 20:3; 21:8; 22:15). Si Dios, pues, en su sabiduría, ha elegido proporcionarnos tanta información acerca del Infierno, ¿no es obvio que es enormemente importante? Esta debería ser razón suficiente para estudiarlo.

En segundo lugar, es intrínsecamente importante por *el contenido de la doctrina misma*. El Infierno se revela como un lugar de tormento donde millones de seres humanos estarán encerrados para siempre. Los estadísticos nos dicen que cada año mueren, aproximadamente, noventa y cinco millones de personas. Eso significa que cada segundo tres seres humanos entran en el Infierno o en el Cielo. Durante la próxima hora, 11 000 hombres, mujeres y niños se habrán ido para siempre a un lugar de gozo eterno o a un lugar de dolor eterno. Piensa que aun ahora están muriendo, mientras lees estas palabras; uno, después otro, después otro. Cuando tomas la siguiente bocanada de aire, muchos más están abandonando esta Tierra. Cuando se estrella un avión y 200 o 300 personas son arrebatadas de repente hacia la eternidad, todo el mundo habla de ello. Es un desastre espantoso, una noticia que acapara titulares. Nos afligimos, nuestras mentes no pueden dejar de pensar en lo ocurrido y, sin embargo, 11 000 seres humanos prójimos nuestros, cada hora de cada día del año, están alcanzando su destino eterno. Sin duda, únicamente por esta razón, tal doctrina debe de ser importante.

En tercer lugar, *nosotros no estamos lejos de esta catástrofe*. Alguien ha observado que "la muerte no es un deporte para espectadores". Los deportes para espectadores no nos implican personalmente. Podemos estar esperando con sumo interés e impaciencia un partido de fútbol o de rugby. Disfrutamos viendo la habilidad de los jugadores y nos alegramos si "nuestro" equipo gana, pero no estaremos en el terreno y, a la larga, lo que ocurra no nos atañe en realidad. No nos pedirán cuentas por nuestro esfuerzo o habilidad; no corremos el riesgo de lesionarnos. Somos meros espectadores pero, sin embargo, esto no es cierto respecto a la doctrina del Infierno, pues todos, por naturaleza, nos dirigimos a ese mismo lugar. No es una cuestión que no nos ataña a nosotros. Todos hemos pecado, estamos "destituidos de la gloria de Dios" y "la paga del pecado es muerte" (cf. Romanos 3:23; 6:23). Cada uno de nosotros va a morir, y después de la muerte nos enfrentaremos al Juicio. Todos, sin excepción, estamos profundamente implicados.

Quizá pienses que algunas doctrinas de la Biblia no te conciernen a ti directamente. Si no eres padre, por ejemplo, quizá sientas que las enseñanzas bíblicas para los padres no te atañen. O quizá pases ligeramente por alto la enseñanza de la Palabra de Dios para los empleados, o para los ricos, etc. Quizá digas: "Bueno, es interesante, es verdad, pero no me atañe de forma inmediata". Eso sería un error por tu parte, porque "Toda la Escritura es [...] útil" (2 Timoteo 3:16), pero sería una reacción comprensible. No obstante, ni uno de nosotros puede aun osar decir eso acerca de la doctrina del Infierno. Es el destino seguro de cada pecador que no haya sido salvo, y nosotros hemos nacido pecadores.

Finalmente, es intrínsecamente importante porque *hay un camino —pero solo un camino— para escapar de él*. No tenemos un abanico de posibilidades. No podemos calmar nuestra ansiedad imaginando que habrá muchas clases de personas que no irán allá. No podemos decirnos a nosotros mismos: "Bueno, el Infierno es espantoso, el Infierno es real pero, al fin y al cabo, hay muchas maneras de evitar el Infierno y, por tanto, no tengo necesidad de estar excesivamente preocupado". La Escritura es clara. "El que rehúsa creer en el Hijo no verá la vida, sino que la ira de Dios está sobre él" (Juan 3:36). La única manera de escapar del Infierno es a través de la fe en Jesucristo, el Hijo de Dios. Todos los demás se perderán. ¿Por qué deberíamos pensar en el Infierno? Porque nos dirigimos allí, a menos que tomemos la única vía de escape.

Y hay una vía. El Infierno no es inevitable. Si lo fuera, si no hubiera una perspectiva de rescate, ¿de qué serviría preocuparse por ello? El proceder más sensato sería desecharlo de nuestras mentes durante el mayor tiempo posible. Sin embargo, puesto que hay una promesa de ayuda segura y verdadera para todo aquel que quiera ser librado de la condenación de Dios, no hay nada más esencial que prestar nuestra total atención a esta cuestión. En la Biblia, el camino de salvación se muestra de una forma sumamente sencilla: "Porque de tal manera amó Dios al mundo, que ha dado a su Hijo unigénito, para que todo aquel que en él cree, no se pierda, mas tenga vida eterna" (Juan 3:16).

Aquí está, pues, nuestra respuesta a quienes nos acusan de ser morbosos y pesimistas. ¿Presentarían ese mismo cargo en contra de una conferencia de médicos, reunidos para hablar del cáncer? ¿Los acusarían de ser sujetos retorcidos, de tener un interés malsano por algo desagradable? ¡Por supuesto que no! Estamos agradecidos de que los médicos presten su atención a estas cosas, que dediquen su habilidad y su percepción en ocuparse de estas espantosas realidades. Su propósito es proporcionar ayuda y curación a muchas personas, y nosotros los estimularíamos en esa empresa. Lejos de criticar, valoramos el que estén estudiando la enfermedad, no porque les guste, sino porque es un hecho horrible que necesita afrontarse. Pero el Infierno es una realidad mucho más terrible y permanente. Lo más positivo, tierno y responsable que podemos hacer es estudiar esa doctrina, para estar así mejor provistos para librar a otros de tan horroroso lugar.

Lo generalizado de la incredulidad

La segunda razón por que estudiar el Infierno es lo generalizado de la incredulidad en relación con el mismo. Si fuera una cuestión aceptada universalmente, si la mayoría de las personas creyera en el Infierno y estuviera informada correctamente acerca del mismo, no tendríamos necesidad de pasar tanto tiempo analizándolo. Sin embargo, en nuestra época, la creencia en el Infierno casi ha desaparecido.

Podemos distinguir tres niveles de incredulidad.

Encontramos, en primer lugar, la *burla popular*. Hace unos años, mi esposa y yo acudimos a un concierto en una escuela local donde los niños representaban pequeñas obras teatrales. Fue una tarde agradable hasta que, ante nuestro asombro, apareció en el escenario un grupo de niños vestidos de demonios, con cuernos y colas de papel. Al marchar alrededor de la plataforma, cantaban una canción acerca del Infierno, un lugar donde las personas "se revolvían y freían". El público se moría de la risa, mientras nosotros estábamos en nuestros asientos con la carne de gallina. Las palabras de Cristo eran casi un eco audible en nuestros oídos: "Cualquiera que haga tropezar a alguno de estos pequeños [...] mejor le fuera que se le colgase al cuello una piedra de molino de asno, y que se le hundiese en lo profundo del mar" (Mateo 18:6). Para la mayoría de las personas el Infierno es una broma.

O —en el mejor de los casos— un útil truco publicitario. En nuestros periódicos y en las pantallas de nuestros televisores, los condenados son quienes prescinden del producto que se anuncia. El Cielo es comer la barrita de chocolate, llevar el perfume o conducir el nuevo automóvil. En un viaje que hicimos hace poco a América, nos detuvimos en un centro turístico donde tomamos un anuncio de un restaurante, situado en un edificio que anteriormente había sido una iglesia. Eso les había dado a los nuevos propietarios una idea. El folleto comenzaba: "En cuanto a la comida, es tan divina que debe de ser pecado. Nuestro chef utiliza los ingredientes más frescos a su alcance para dar lugar a una cocina que satisface el alma. Así como Eva tentó a Adán, nosotros vamos a tentarle con nuestras creaciones en los postres del día. Imagínese un diabólico éxtasis de chocolate..." y así sucesivamente. Después, terminaba con la frase: "Salud y que Dios le bendiga". No hay necesidad de aportar más ejemplos de estas blasfemias. El Infierno se considera gracioso, y a quienes realmente creen en él se les debe ridiculizar o evitar, preferiblemente ambas cosas. Es una cuestión de burla popular.

En segundo lugar, *quienes han meditado seriamente acerca del Infierno, lo rechazan*. Porque, en medio de toda la espuma y la superficialidad de la cultura popular, hay personas que sí meditan seriamente. Quienes están fuera de Cristo están muertos espiritualmente, odian a Dios, están ciegos y sus procesos mentales están distorsionados. Todo eso es cierto. Pero entre ellos hay hombres y mujeres entendidos, serios, que reflexionan profundamente acerca de cuestiones importantes. Para ellos, la idea del Infierno es moralmente repugnante y los ofende verdaderamente; la consideran una superstición primitiva, un vulgar "hombre del saco" que una Iglesia tirana utilizó para aterrorizar y manipular a sus crédulos seguidores. El filósofo Bertrand Russell escribió: "Yo, personalmente, no creo que una persona que sea profundamente humana pueda creer en el castigo eterno. Es una doctrina que introdujo la crueldad en el mundo y le causó generaciones de cruel tortura[2]".

Muchos de aquellos entre quienes vivimos y trabajamos nos despreciarán por creer en el Infierno. Dondequiera que miremos en este mundo de hoy, estamos rodeados de personas inteligentes que consideran que tal creencia es despreciable o perversa. Más adelante veremos por qué piensan así. Sin embargo, necesitamos ser conscientes de cuán censurable es esta enseñanza.

En tercer lugar, de una manera sumamente trágica y sorprendente, *esta doctrina está siendo cuestionada por algunos evangélicos, quienes profesan creer en la Biblia como la Palabra inspirada por Dios*. Es de esperar que los teólogos liberales rechacen la idea del Infierno, y así lo han hecho durante mucho tiempo; pero muchos líderes evangélicos han comenzado ahora a desafiar una doctrina que ha sido la creencia unánime de la Iglesia cristiana durante más de 1900 años. Se están volviendo de la ortodoxia a la enseñanza del aniquilamiento o "inmortalidad condicional", una declaración que dice que solo los justos vivirán para siempre y que Dios, en algún momento, permitirá que los malos impenitentes se conviertan en nada.

Esta extraña teoría se ha incorporado a la corriente principal y está reclamando ser, al menos, equiparada a la doctrina tradicional. En el Reino Unido, un prestigioso informe publicado recientemente ha concluido: "Creemos que el debate entre la postura tradicionalista y la que está a favor de la inmortalidad condicional en relación con el Infierno debería considerarse una cuestión secundaria, más que central, para la Teología evangélica". Continúa: "Entendemos que el actual Fundamento de Fe de la Alianza Evangélica permite ambas interpretaciones del Infierno: la tradicionalista y la que promueve la inmortalidad condicional[3]". John Stott ha seguido dejando constancia de ello al poner en duda la opinión ortodoxa: "La aniquilación última de los malos debería —al menos— aceptarse como una alternativa legítima y fundamentada bíblicamente a su consciente tormento eterno[4]". Philip Edgcumbe Hughes se ha declarado firmemente en contra de la doctrina del castigo eterno: "Con la restauración de todas las cosas en los cielos nuevos y en la Tierra nueva [...] no habrá lugar para un segundo reino de oscuridad y muerte [...]. Cuando Cristo lo llene todo en todo [...] ¿cómo se puede concebir que haya una sección o un ámbito de la creación que no pertenezca a esta totalidad y que, por su propia presencia, la contradiga?[5]". Su idea del destino final de los malos es inequívoca: "El destino que ellos mismos se hayan forjado los arrojará sin esperanza al abismo de la destrucción[6]". Otros autores proponen una "evangelización *post mortem*": la idea de que después de la muerte habrá una oportunidad de fe para quienes no escucharon el Evangelio durante su vida. Clark Pinnock se ha dirigido hacia lo que él llama "inclusivismo", la creencia de que Dios perdonará y aceptará a seguidores de otras religiones que hayan vivido en conformidad a la luz que se les ha dado[7].

Estos hombres no solo ponen en duda el Infierno, sino que algunos atacan la doctrina bíblica con una energía casi blasfema. John Wenham, un destacado especialista evangélico en griego y en el Nuevo Testamento, declaró en una conferencia en 1991: "Creo que el tormento eterno es una doctrina horrible y no escrituraria que ha sido una carga terrible en la mente de la Iglesia durante muchos siglos y una mancha en su presentación del Evangelio. De hecho, estaría feliz si antes de morir pudiera contribuir a su eliminación[8]". Clark Pinnock aún va más allá: "Considero que el concepto del Infierno como un tormento eterno del cuerpo y la mente es una doctrina atroz, una enormidad teológica y moral. ¿Cómo es posible que los cristianos proyecten una deidad con tanta crueldad y deseo de venganza? Sin duda, un Dios que hiciera tal cosa se parece más a Satanás que a Dios[9]". Para estos hombres el tormento eterno es moralmente intolerable. Representa a Dios como un monstruo que castiga a sus desgraciadas víctimas con un sufrimiento que no tiene fin.

Al tratar de resolver tales dudas y tal incredulidad, sería fácil que el pueblo del Señor desapareciera. Podrían sentirse tentados a pensar: "Bueno, estos hombres son inteligentes, grandes eruditos, líderes eminentes de la Iglesia, y el Infierno es una doctrina desagradable. ¿No cabe la posibilidad de que estén en lo cierto? Quizá hayan recibido una nueva visión y nosotros debiéramos seguir su liderato".

Aun donde los evangélicos se atienen a la doctrina, tienden a hacerlo excusándose o defendiéndose. ¿Es cierta la historia del predicador que advirtió a sus oyentes: "Quienes no se vuelvan a Cristo sufrirán graves complicaciones escatológicas"? Objetiva o no, encierra la timidez de gran parte de la predicación contemporánea. En la actualidad, los tomos de Teología evangélica dedican pocas páginas a la doctrina del Infierno. Se la niega, se la sanea, se la deja a un lado o se la trata como un vergonzoso secreto de familia que no debe mencionarse en público.

¿Por qué deberíamos pensar en el Infierno? Porque es una doctrina muy importante. Porque está sujeta a un ataque salvaje y continuo por parte del mundo y de la Iglesia profesante; porque la batalla se está librando aquí, en este momento. Martín Lutero definió al buen soldado como un hombre que permanecía en pie y luchaba allí donde la batalla era más fiera. Es fácil ser soldado en tiempo de paz, es agradable desfilar arriba y abajo con un colorido uniforme, blandiendo un arma reluciente. Tampoco es una tarea muy dura hacer guardia en un lugar seguro y tranquilo del campo de batalla. Sin embargo, en medio de la sangre y el peligro del más amargo de los conflictos, es donde el verdadero guerrero es probado.

Se está librando una batalla sobre esta doctrina. El diablo la está atacando. Hombres hábiles y persuasivos, algunos con una merecida reputación de ortodoxos, están procurando que la Verdad de Dios caiga. Esa es razón suficiente para que nosotros pensemos en el Infierno. No nos atrevamos a huir. Es muy posible que las doctrinas se pierdan durante siglos; ya ha sucedido antes. El Evangelio mismo se ha distorsionado y ocultado. Durante cientos de años, generaciones han muerto en sus pecados porque los cristianos no han luchado por la Verdad. ¿Quieres que tus hijos crezcan en un mundo donde nadie crea en el Infierno y se le considere una superstición de una época pasada? Tenemos que saber lo que creemos y por qué lo creemos. Tenemos que estar seguros y ser firmes y claros, de tal modo que sí podamos luchar por mantener viva esta doctrina.

LA INCREDULIDAD COMO SÍNTOMA DE UN PROBLEMA MÁS PROFUNDO

¿Por qué deberíamos pensar en el Infierno? Tanto su importancia intrínseca como la incredulidad de la que está rodeado son, ambas, razones válidas. Pero hay una tercera, más trascendental que cualquiera de ellas: la incredulidad es un síntoma de un problema más profundo.

Un síntoma lo es porque tiene una importancia que trasciende a él mismo. Un día descubres un bulto en tu cuerpo; no es doloroso y no te causa inconveniente alguno; puedes hacer una vida normal y continuar con tu trabajo. En ese sentido, el bulto es insignificante de por sí. ¿Pero es así como reaccionas? No, si te preocupas por tu cuerpo y eres sensato. Vas a tu médico y te haces un chequeo; buscas tratamiento. No es tanto por el bulto como por lo que pueda significar: algo más peligroso de lo que pudiera ser una prueba.

La incredulidad es, por supuesto, más que un síntoma. Es un pecado en sí misma. Sin embargo, el ejemplo sirve en este sentido: la incredulidad es también una prueba, o evidencia, de algo peor. Es un síntoma del problema más profundo de la Humanidad: el egocentrismo del hombre. Aquí radican todas nuestras dificultades. Hacemos de nosotros mismos el centro de nuestro universo, y nos convertimos en los seres alrededor de quienes gira todo lo demás. Todo se remonta al Edén, donde Satanás le dijo a Eva: "Seréis como Dios" (Génesis 3:5) y ella le escuchó. De hecho, se remonta más atrás. Satanás mismo dijo: "Seré semejante al Altísimo" (Isaías 14:14).

Este pecado del egocentrismo, o humanismo (pues también puede recibir este nombre), ha estado presente en el mundo desde la Caída, pero en nuestros días ha pasado a dominar la cultura, de modo que satura el mundo en que vivimos. El egocentrismo del hombre está tan generalizado y pasa tan desapercibido como el aire que respiramos. Nadie es inmune a él.

Como la contaminación en la atmósfera; está ahí, la absorbemos, nos está envenenando.

Las objeciones que se le ponen al Infierno radican en el egocentrismo del hombre (incluyendo las objeciones evangélicas). Los innovadores nos dicen que han cambiado de ideas debido a un entendimiento más amplio. Han ahondado en el significado de las palabras originales, han examinado el trasfondo a la luz de un nuevo conocimiento y sus habilidades exegéticas son más precisas que aquellas de las generaciones pasadas. Como resultado, estos métodos de interpretación más exactos los han conducido, irremediablemente, a poner en duda la doctrina tradicional del Infierno.

Quizá crean que esto sea así, pero no es cierto. Lo que les ha hecho cambiar de forma de pensar no es una interpretación perfeccionada; es el espíritu del mundo. Sin percatarse de ello, han sido influidos por el egocentrismo de nuestros días, el cual ha deformado su juicio. Emocionalmente sienten aversión por el Infierno, pero han sido lo suficientemente inteligentes para elaborar una argumentación lógica y persuasiva que explique las conclusiones a las que han llegado irracionalmente. Sus mentes han sido preparadas de antemano y han abusado de sus habilidades exegéticas para que les fuera posible llegar a una conclusión predeterminada. Se abandona la Verdad, no porque demuestre ser falsa, sino porque resulta poco popular o embarazosa. El cambio se ha producido "no por una nueva luz procedente de la Biblia, sino por una nueva oscuridad en la cultura[10]".

Consideremos, por un momento, tres evidencias de este espíritu de humanismo, fijándonos en cómo se opone a él la doctrina del Infierno.

Aparece, en primer lugar, en un *concepto egocéntrico que el hombre tiene de sí mismo*. El valor más alto que podamos imaginar en nuestra sociedad es el bienestar del hombre. Esta es la clave, el propósito de cualquier actividad, la base sobre la que debe construirse nuestra civilización. Las personas tienen que ser felices.

Sin embargo, la doctrina del Infierno, como una garra brutal, va abriéndose camino rasgando el tejido que envuelve ese concepto humanista del mundo, pues nos dice que millones de seres humanos serán terriblemente desgraciados para siempre en un lugar de tormento. Ahora bien, la gente no puede concebir esta idea; consideran que es intolerable, puesto que pone en entredicho todo aquello que el hombre de hoy defiende y todo aquello para lo que vive. La felicidad es el bien principal, y el bienestar del hombre es su objetivo. ¿Millones de condenados? No, no; simplemente no lo aceptan. Emocionalmente, tienen prejuicios en contra de ello y sus corazones convencen a sus mentes para no creer.

Aun los cristianos pueden verse influidos. ¿Te has preguntado alguna vez cómo podemos ser felices en el Cielo sabiendo que otros seres humanos están sufriendo en el Infierno? Para muchas personas esta pregunta es angustiosa, y la retomaremos posteriormente. Pero, por ahora, imagínate a ti mismo en el Cielo, contemplando la gloria de Dios. Jesucristo, el Cordero muerto por los pecadores, está allí en toda su belleza. Estás rodeado de huestes de ángeles y de la inmensa multitud de los redimidos. El Cielo nuevo y la Tierra nueva se encuentran frente a ti en toda su riqueza y maravilla. ¿Serás infeliz? Si estar con Cristo para siempre no te es suficiente, si crees que la pena de los pecadores echará a perder tu gozo en la presencia de Dios, ¿no es eso egocentrismo? ¿No es la influencia del mundo entrando cautelosamente y afectándote? No obstante, en nuestra condición caída, en nuestro embebecimiento y nuestra vanidad, nos resulta muy natural sentirnos así.

La gente no tiene ningún problema con el Cielo, por supuesto. O, al menos, con su concepto distorsionado del Cielo: un lugar concebido exclusivamente para la felicidad humana. Un Cielo así es totalmente admisible; encaja en su concepto del mundo. Pero el Infierno contradice su cómoda suposición; rompe en pedazos el enfoque egocéntrico del hombre.

En segundo lugar, *el concepto que el mundo tiene del pecado es egocéntrico*. ¿Qué es pecado hoy en día? Por supuesto, no se le llama "pecado". ¿Pero qué se considera malo o vergonzoso? ¿Qué clase de comportamiento deberíamos evitar? La respuesta más generalizada podría ser que pecado es cualquier cosa que dañe a los demás. Deberíamos hacer todo lo posible por no herir a otra persona ni causarle dolor. Eso se considera ser malvado.

Desgraciadamente, el criterio se aplica de manera selectiva. Parece no haber problema en herir a quienes son molestos o se interponen en el camino. Se matan millones de niños antes de nacer. A nuestra sociedad "civilizada" no le importa poner unas tijeras en los cuellos de los bebés que están en el seno materno, ni succionar sus cerebros, ni aplastar sus cráneos. Y si la tendencia que se tiene actualmente continúa, no le importará eliminar a los discapacitados, ni hacer que los mayores duerman cuando su cuidado resulte demasiado caro. Nos dirigimos hacia un mundo de horror a menos que Dios, en su misericordia, haga que nuestras naciones se vuelvan a Él.

Sin embargo, aunque incongruentemente, las personas decentes generalmente sí sostienen la idea de que no deberíamos hacer daño a los demás. No deberíamos mentir, explotar ni utilizar la violencia; no se debería maltratar a los niños; no se deberían romper las promesas. Están de acuerdo con los mandamientos sexto y octavo: "No matarás. No hurtarás" y, aunque con un rápido decrecimiento, con el séptimo: "No cometerás adulterio". Se avergonzarían de hacer tales cosas o, en cualquier caso, de ser descubiertos haciéndolas. Estos mandamientos parecen unas reglas sensatas para la sociedad. Saben que el mundo sería un lugar mejor si pudiéramos deshacernos de tales maldades y, a menudo, su conciencia les remuerde si han causado daño a otros.

Pero prueba a hablar con ellos de los mandamientos segundo, tercero y cuarto: no adorar a Dios de cualquier manera diferente a la que enseña su Palabra, no tomar el nombre de Dios en vano, santificar el día de reposo. Estas cosas las consideran ridículas. Si en un día del Señor tuvieras el poco tacto de acercarte a tus vecinos y decirles —por muy amablemente que fuera— que él no debería estar haciendo arreglos en su casa y que ella no debería ir a su clase de mantenimiento porque estas cosas no concuerdan con la idea de santificar el día de reposo, ¿cómo responderían ellos? Además de enojarse, pensarían que estás loco. "¿Qué clase de chalado religioso eres? —replicarían—. ¿Qué daño estoy haciendo? ¿A quién estoy hiriendo?".

¿Por qué la diferencia? ¿Por qué la gente acepta algunos de los mandamientos como válidos, mientras que rechaza otros? Porque tienen un concepto egocéntrico del pecado. Hacer daño a las personas está mal y saben que no deberían hacerlo, pero no sienten como pecado el estar en contra de Dios. Los mandamientos que no parecen tener relación directa con el bienestar humano no hacen mella en su conciencia. Dios, sencillamente, no importa. Respecto a la culpa y a hacer el mal, Él no cuenta.

Sin embargo, el Infierno rompe en pedazos esta fachada. El Infierno nos dice que hay un Dios santo e imponente ante cuyos ojos somos terriblemente culpables. Esta doctrina nos informa de que el pecado es tan serio, tan condenable a los ojos de Dios, que debe ser castigado con una eternidad de sufrimiento. Eleva las maldades del hombre a un plano completamente diferente y las sitúa en el contexto de la responsabilidad, el juicio y las consecuencias eternas. Ante todo, el pecado no es hacer daño a nuestro prójimo. "El pecado es infracción de la ley" (1 Juan 3:4), y la Ley que se ha quebrantado es la de Dios. La gente no quiere oír hablar del Infierno porque les dice que el pecado es más serio y más terrible de lo que jamás hayan querido imaginar. Cuando el Espíritu Santo convenció a un hombre de pecado por haber cometido asesinato y adulterio, él no se lamentó, en primer lugar, de la forma en que había dañado a otras personas. En lugar de eso, clamó a Dios: "Contra ti, contra ti solo he pecado, y he hecho lo malo delante de tus ojos" (Salmo 51:4). El Infierno resalta el hecho de que nuestros pecados tienen una dimensión eterna al ser una afrenta para el Todopoderoso.

En tercer lugar —y lo peor de todo— es *el concepto egocéntrico que el hombre tiene de Dios*. ¿Te has fijado en la forma en que nuestra cultura está minando sistemáticamente todos los sentimientos naturales de respeto y admiración? Ya no tenemos héroes auténticos. Se aplaude a las personas por su comportamiento extravagante o por su consumo destacado, no por su valor para la sociedad. Se prefiere la riqueza a la dignidad, el atractivo a la virtud. Hay muchas "personalidades", pero pocas dan muestras de carácter. La pureza es objeto de burla. Existe un ánimo de cinismo continuo, y se cree que no hay nadie noble o altruista. La "prensa del corazón" descubre secretos sucios de los famosos para el deleite de sus lectores. Los biógrafos que escarban en las vidas ajenas destrozan la reputación de aquellos sobre quienes escriben. No se nos presenta a nadie digno, nadie que nos desafíe a la abnegación ni al esfuerzo intenso. Todos han sido arrastrados hacia la cloaca moral con una conocida risa disimulada. Al parecer, los héroes no están de moda. ¿Por qué? ¿Por qué esta locura por reducirlo todo al mínimo común denominador?

Porque la gente odia *al* Héroe, al Ser Supremo. El mundo teme la idea del bien y la santidad erigiéndose en juicio sobre él. El Dios del que la gente habla hoy en día —si acaso existe— es exclusivamente para beneficio del hombre. Su propósito, al parecer, es suplir nuestras necesidades y proporcionarnos felicidad. Dios es un botones celestial. Cuando se le necesita, lo llamas, y cuando ya no le necesitas más, le dices que se vaya. Se ha escrito de nuevo la primera respuesta del *Catecismo Menor* para que diga: "El fin principal de Dios es satisfacer al hombre y proveer para él para siempre". Aun en las iglesias evangélicas se da, demasiado a menudo, la impresión de que Dios existe para hacernos felices, para resolver nuestros problemas, para responder a nuestras oraciones, para sanar nuestras enfermedades, para mejorar nuestros matrimonios, o para ayudarnos a seguir una dieta.

Lutero describía este hecho como "utilizar a Dios". ¡Qué expresión tan desagradablemente acertada! ¿Te han utilizado alguna vez? Creías que alguien era tu amigo; dabas por hecho que disfrutaba de tu compañía y que te valoraba por quien eras. Confiabas en él, pero entonces descubres que te estaba utilizando. Cultivaba tu amistad solo por lo que quería de ti, pero después se reía de ti a tus espaldas. ¿Qué pensarías de un hombre que dijera que utiliza a su mujer? ¡Qué canalla sería! Sin embargo, esto es exactamente lo que la gente está intentando hacer con Dios. Así es como cree que puede tratar al Señor del Cielo y de la Tierra. No percibe su santidad, su grandeza ni su majestad; se le ve como una marioneta que permanece en la caja hasta que apretamos el botón para que salga.

Pero la doctrina del Infierno nos confronta con un Dios que es contundente en su ira, irresistible en su poder, aterrador en su justicia. Un Soberano poderoso que sostiene la Tierra entre sus dedos como una pizca de polvo. "Todos los habitantes de la tierra son considerados como nada; y él hace según su voluntad en el ejército del cielo, y en los habitantes de la tierra, y no hay quien detenga su mano, y le diga: ¿Qué haces?" (Daniel 4:35). El Infierno nos habla del Dios que tiene el control, que hace con nosotros lo que quiere, del Dios a quien nosotros no podemos pasar por alto, dejar al margen ni manipular.

Hoy en día las personas no quieren un Dios así, y harán desaparecer cualquier doctrina que los lleve, de forma amenazante, frente a Él. Por eso es tan fundamental que pensemos en el Infierno. Nos sitúa frente a frente con el Dios vivo. Vemos aquí una prueba de fuego para nuestras almas. ¿Estás centrado en Dios? El Infierno te probará.

Pero también es cierto lo contrario. Si no estás seguro acerca del Infierno, Dios te convencerá. Las personas no creerán en el Infierno hasta que conozcan a Dios. No se puede enseñar esta doctrina de manera aislada. En primer lugar, necesitamos ver a Dios en su santidad y majestad pues, hasta que lo hagamos, el Infierno carece de sentido; no podemos comprenderlo. Por esta razón, las iglesias que honran a Dios y los cristianos que lo temen tienen un ministerio tan importante. ¿Quién más hablará del gran Señor todopoderoso?

Pero una vez nos hayamos enfrentado al Dios verdadero, una vez tú y yo hayamos contemplado el rostro de ese magnífico Ser, entonces estaremos preparados para creer todo lo que Dios dice. Los que dudan pueden levantar sus necias objeciones y plantear sus dudas pueriles, pero su problema fundamental es que jamás han visto a Dios tal y como es o, durante un tiempo, lo han perdido de vista.

En el día del Juicio nadie se reirá del Cielo ni del Infierno, ni hará folletitos poco serios acerca de ellos. Nadie pondrá en duda la moralidad del castigo eterno, ni ningún predicador liberal insistirá en decir: "No creo que un Dios de amor mande a alguien al Infierno". Todos estaremos dispuestos a inclinar nuestros rostros, sobrecogidos por la intensa realidad del Dios vivo.

¿Por qué deberíamos pensar en el Infierno? Porque nos

recuerda nuestra propia pequeñez; porque nos indica gráficamente el horror del pecado; porque nos enfrenta a cada uno de nosotros con la presencia imponente de Dios. Por eso el diablo ha atacado esta doctrina de manera tan persistente.

Quizá aún necesites encontrarte con Dios. Te insto a que alces tu rostro ante la realidad del Dios que te creó y contra el cual has pecado, el Dios ante quien eres responsable, el Dios que, sin duda, te condenará si no clamas a Él para que tenga misericordia, el Dios que, también sin duda, salvará a todo aquel que cree en su Hijo.

Otros, aunque seamos creyentes, quizá hayamos sido influidos, más de lo que creemos, por la manera de pensar del mundo. Nuestro concepto de Dios se ha hecho más confuso y nuestra fe se ha vuelto demasiado egocéntrica. "¿Qué tiene que ofrecerme? —solemos preguntar—. ¿Qué pasa con mis deseos? ¿Dónde encajan?". Más que ninguna otra cosa, necesitamos percibir a Dios de nuevo en su santidad y en su gloria. Que Él utilice esta doctrina para presentarnos estas realidades.

Y otros viven con una tristeza más profunda que las lágrimas vertidas por seres queridos que ya han partido de esta Tierra y que, hasta donde tienen conocimiento, no se interesaron por Cristo. Eran hueso de tus huesos, carne de tu carne; los amabas, estabas en tu derecho a hacerlo, y pensar que están perdidos supone un dolor insoportable. No puedo consolarte, pero puedo acercarte a Dios. Si entras en su presencia con tus preguntas y tu angustia, Él te rodeará con sus brazos paternales. Quizá no recibas respuestas, pero conocerás al Dios de amor que no puede hacer daño a sus hijos, cuyos caminos son todos justos, y tu corazón se llenará de su Paz.

Recuerda las palabras de los redimidos en el Cielo, palabras que tú harás tuyas un día: "Te damos gracias, Señor Dios Todopoderoso [...] porque has tomado tu gran poder, y has reinado. Y se airaron las naciones, y tu ira ha venido, y el tiempo de juzgar a los muertos [...]. Grandes y maravillosas son tus obras, Señor Dios Todopoderoso; justos y verdaderos son tus caminos, Rey de los santos. ¿Quién no te temerá, oh Señor, y glorificará tu nombre? pues sólo tú eres santo; por lo cual todas las naciones vendrán y te adorarán, porque tus juicios se han manifestado" (Apocalipsis 11:17?18; 15:3?4).

Esta es la única respuesta: ver a Dios. "Bienaventurados los que lloran, porque ellos recibirán consolación [...]. Bienaventurados los de limpio corazón, porque ellos verán a Dios" (cf. Mateo 5:4,8).

NOTAS

1 *The Reformed Pastor* (El pastor reformado), p. 113, edición abreviada (Edimburgo: Banner of Truth 1974). Existe versión en español: *El pastor renovado* (El Estandarte de la Verdad 2009). [N. E.].

2 Citado en Robert A. Peterson: *Hell on Trial: The Case for Eternal Punishment* (El Infierno a juicio: razones para el castigo eterno), pp. 4-5 (Phillipsburg, Nueva Jersey: P&R Publishing 1995). Este libro y el de John Blanchard *¿Qué ha pasado con el Infierno?* (Moral de Calatrava: Editorial Peregrino 2002) son los dos mejores estudios actuales sobre el Infierno. Agradezco la frecuente ayuda que me han prestado en las páginas siguientes.

3 *The Nature of Hell: A Report by the Evangelical Alliance Commission of Unity and Truth Among Evangelicals* (La naturaleza del Infierno: un informe de la Comisión de la Alianza evangélica para la unidad y la Verdad entre evangélicos), Abril 2000, citado en *Christianity Today* (El cristianismo hoy), p. 36 (23 de Octubre de 2000).

4 David L. Edwards y John Stott: *Essentials: A Liberal-Evangelical Dialogue* (Elementos necesarios: un diálogo evangélico liberal), p. 320 (Londres: Hodder & Stoughton 1988).

5 *The True Image* (La imagen verdadera), p. 406 (Grand Rapids: Eerdmans 1989).

6 *Ibíd.*, p. 407.

7 Cf. Peterson: *Hell on Trial* (El Infierno a juicio), pp. 150-2, 229-34.

8 Citado en Blanchard: *¿Qué ha pasado con el Infierno?*, p. 288

9 Citado en Peterson: *Hell on Trial* (El Infierno a juicio), p. 161.

10 Peterson: *Hell on Trial* (El Infierno a juicio), p. x.

2
Fundamentos bíblicos

ALGUNAS DOCTRINAS BÍBLICAS son especialmente complejas. Piensa, por ejemplo, en la Trinidad: un Dios que existe en tres Personas: Padre, Hijo y Espíritu Santo. ¿Quién puede empezar a explicar este misterio? Ni siquiera el intelecto humano más potente es capaz de desentrañar semejante concepto. Sobrepasa totalmente nuestro entendimiento.

Otras enseñanzas de la Escritura son maravillosamente inesperadas. Jamás las hubiéramos descubierto solo por nuestros razonamientos. Si Dios no las hubiera revelado, hubieran seguido sin conocerse. El ejemplo supremo es, por supuesto, el Padre entregando a su Hijo por los pecadores. Que el Señor mismo se convirtiera en hombre, que después viviera, sufriera y muriera en lugar de su pueblo es completamente asombroso. Ni en un millón de años ningún ser humano hubiera concebido semejante plan de salvación. Indudablemente se hizo en el Cielo, timbrado de forma indeleble con el sello de la divinidad.

La doctrina del Infierno no se encuentra en ninguna de estas categorías.

Aunque gran parte de ella no la podemos entender, la idea básica no es, de por sí, especialmente compleja. El Infierno puede definirse sencillamente como el lugar de castigo eterno consciente para los malos. Esto está suficientemente claro. Un niño no tiene dificultad alguna en comprenderlo.

El Infierno tampoco se nos hubiera ocurrido jamás de no ser por la Revelación escrita de Dios. A lo largo de la Historia, en casi todas las culturas, las personas han tenido la percepción del Infierno. Se encuentran versiones del Infierno en las otras religiones principales del mundo: hinduismo, budismo e islamismo. Parece que la conciencia de un juicio venidero es parte de nuestra herencia como seres hechos a imagen de Dios. Impresa en nuestra conciencia humana está la inquietante percepción de que, por encima de esta vida, hay un lugar de castigo para quienes hagan el mal. No se niega tantas veces porque sea irracional, sino porque es extremadamente molesto.

En la Iglesia del Nuevo Testamento, la doctrina del Infierno parece haber sido uno de los abecés para los nuevos convertidos. El escritor de Hebreos hace referencia al "juicio eterno" como un "[rudimento] de la doctrina de Cristo" (Hebreos 6:1,2), en otras palabras, una enseñanza fundamental presentada al comienzo de la vida cristiana. En nuestros días, sin embargo, se ha descuidado y necesitamos tomarnos tiempo para aclarar nuestra comprensión de la misma.

Podemos resumir los aspectos principales de la doctrina bíblica sobre el Infierno en cinco sencillas proposiciones. Después consideraremos dos dificultades que la gente tiene, a menudo, con esta enseñanza.

¿QUÉ ES EL INFIERNO?

Un lugar real creado por Dios

Una idea que está de moda actualmente acerca del Infierno es que no es sino una metáfora de la infelicidad que experimentamos en esta vida. En las célebres palabras del filósofo existencialista francés, Jean-Paul Sartre: "No hay necesidad de azufre ni parrilla. El Infierno son los otros". Para él, el Infierno era el dolor causado por la crueldad de nuestro prójimo. La gente califica de "infernales" sus experiencias devastadoras. "He pasado por un infierno", dice. El Infierno se percibe como la cara oscura de la vida, la tristeza y el sufrimiento que las personas atraviesan.

Nada de esto es cierto. El Infierno es un lugar real. No es una metáfora, ni un símbolo, ni una descripción de nuestra desolación interior o de nuestros sufrimientos presentes, no importa cuán angustiosos sean estos. No es un estado de la mente. Es un lugar, con dimensiones espaciales. En la parábola del hombre rico y Lázaro, el hombre rico habla de "este lugar de tormento" (Lucas 16:18) utilizando la palabra griega habitual para "lugar", de la que proviene nuestra palabra "topografía": la ciencia que describe los lugares. Se nos dice que el condenado Judas Iscariote se fue "a su propio lugar" (Hechos 1:25). No sabemos en qué parte del universo está ese lugar, pero tiene una situación concreta en algún sitio. La Biblia señala su aislamiento de la vida y la luz de Dios, describiéndolo como "fuera", "afuera", "las tinieblas de afuera" (cf. Mateo 8:12; 22:13).

El nombre más característico del Infierno en el Nuevo Testamento es *Gehenna*, una palabra con una historia interesante. Hacía referencia al valle de Hinom, justo a las afueras de Jerusalén, donde los israelitas habían quemado a sus hijos en sacrificio al dios amonita Moloc (2 Crónicas 28:3; 33:6; 2 Reyes 23:10). Era un lugar de maldad y de una angustiosa aflicción de corazón. En el siglo I, este valle de Hinom se había convertido en un vertedero donde se quemaban los desperdicios día y noche. Los contemporáneos de Jesús lo asociaban con humo, hedor y gusanos, con todo lo horrible y vil. Este término, horriblemente gráfico, es el que nuestro Señor eligió para describir adecuadamente el verdadero Infierno.

Puesto que es un lugar, ha sido creado por Dios; y puesto que creó todas las cosas y por su voluntad existen y fueron creadas (cf. Apocalipsis 4:11), ese "todas las cosas" debe de incluir el Infierno. Él hizo que existiera y, por su mandato, el fuego eterno fue "preparado para el diablo y sus ángeles" (Mateo 25:41). Más tarde veremos el significado de eso.

Un castigo justo, terrible y eterno

En segundo lugar, el Infierno es un lugar de castigo. ¿Hay una idea que esté menos de moda hoy en día? No todos los tipos de castigo, por supuesto. El castigo terapéutico, concebido para hacer del ofensor una persona mejor, es más o menos aceptable. Las fuerzas de corrección policial aún no se las han arreglado para convencer a los gobiernos de que priven a los padres del derecho a disciplinar a los niños. El objetivo de la disciplina es enseñarles a no hacer lo malo. Nuestra esperanza es que nuestros hijos aprendan de esta desagradable experiencia y que no tengamos que castigarlos de nuevo. El servicio carcelario sigue la misma filosofía; el objetivo establecido para la encarcelación es la rehabilitación del delincuente. Y algunos admitirán un papel para el castigo preventivo: actuar como disuasorio para que otros no cometan la misma ofensa y, por tanto, no sufran una pena similar. Tal acción sirve de bandera de advertencia para la comunidad, y la corrección de los pocos culpables está concebida para asegurar la obediencia continuada de los muchos que respetan la ley.

Pero el castigo que el mundo de hoy no tolera es el retributivo: el castigo infligido sencillamente como recompensa del mal cometido —porque es justo que los que hacen el mal sufran—, el castigo que marca el odio al mal y el cumplimiento de lo correcto. Tal castigo se considera bárbaro e inmoral. Esto no se debe al hecho de que las personas se hayan vuelto más humanas ni civilizadas, sino a que están asustadas por un oscuro fantasma. La sombra del Infierno los obsesiona; inquietantes susurros de juicio venidero resuenan en las lindes de sus conciencias. Estas insinuaciones de la ira de Dios los aterran tanto, que hacen todo lo posible por ahuyentar de nuestra sociedad cualquier idea acerca de castigo retributivo. Como niños que esconden sus cabezas bajo las sábanas, se cubren tras una falsa ternura para que la pesadilla desaparezca. Quizá esperen que si nosotros abolimos el castigo, Dios decida hacer lo mismo.

El castigo en el Infierno es retributivo. No es terapéutico; no le hace a nadie mejor. El Purgatorio —la idea de que los humanos serán limpiados y mejorados por medio de sus sufrimientos después de la muerte— es un mito. Las aflicciones del Infierno no suponen beneficio alguno, en absoluto, para quienes están siendo castigados. Tampoco es preventivo tal castigo, exceptuando el hecho de que, en tanto que oyen acerca del mismo, las personas se vuelvan del pecado a Cristo. Cuando Dios abra los libros del Juicio y proclame el destino final de todos, el castigo pronunciado será lo que la gente teme y odia por encima de todas las cosas: castigo retributivo, impuesto porque el mal está mal y Dios está en contra de él. Nuestra sociedad se estremece ante esa idea. Atraviesa las conciencias endurecidas y toca un sentimiento de culpa profundamente sepultado.

Este castigo será justo porque está impuesto por el santo Señor Dios, cuyos juicios son todos verdaderos y justos. La Escritura nos dice que, aunque todos los impíos serán castigados, no todos lo serán en el mismo grado; algunos sufrirán más que otros. Cuanto más grande sea la culpa, más grande será la pena. Dios se ocupará de los pecados cometidos en ignorancia de forma menos severa que de los actos de desobediencia consciente: "Aquel siervo que conociendo la voluntad de su señor, no [...] hizo conforme a su voluntad, recibirá muchos azotes. Mas el que [no la conocía] [...] será azotado poco; porque a todo aquel a quien se haya dado mucho, mucho se le demandará; y al que mucho se le haya confiado, más se le pedirá" (Lucas 12:47?48).

Los privilegios descuidados aumentarán la pena recibida, puesto que Cristo advierte solemnemente a las ciudades de Galilea donde había predicado y hecho milagros: "¡Ay de ti, Corazín! ¡Ay de ti, Betsaida! [...] será más tolerable el castigo para Tiro y para Sidón [...] [y] para la tierra de Sodoma, que para ti" (Mateo 11:21?24). Esta debió de ser una afirmación impactante para quienes la oyeron por primera vez. ¡Las respetables aldeas de pescadores de Galilea más culpables a los ojos de Dios que la pagana Tiro o la pervertida Sodoma! Pero esa es la enormidad de escuchar y rechazar al Hijo de Dios. Los escribas, cuya exposición de las Escrituras era incomparable, pero que a menudo demostraron su hipocresía, su avaricia o su falta de honradez, "recibirán mayor condenación" (Marcos 12:38?40). Aquí tenemos una seria consideración para cualquiera que haya sido educado en un hogar cristiano pero que aún no se ha comprometido con el Salvador. Los pozos más profundos del Infierno bien pueden estar reservados no para los malvados más destacados, sino para quienes, desde la infancia, estuvieron familiarizados con el mensaje de salvación y, sin embargo, nunca lo adoptaron para sí.

No se nos dice cómo se clasificará el castigo. Quizá Dios

inflija una aflicción más grande en algunos; quizá haya una conciencia más intensa de las oportunidades que se han descuidado, un remordimiento más profundo. El gusano de la memoria, la enseñanza de un padre o las oraciones de una madre pueden ser parte de la tortura de los condenados en el Infierno. La Biblia no nos lo dice, y no debemos hacer conjeturas. Pero sí sabemos que el castigo será justo, incuestionablemente. Nadie podrá quejarse jamás de que no sea justo ni de que no se lo merece. El Infierno es justo.

También es terrible, porque es un lugar de "lloro y [...] crujir de dientes" (Mateo 8:12) donde "el gusano de ellos no muere, y el fuego nunca se apaga" (Marcos 9:44). Quienes estén en el Infierno "[beberán] del vino de la ira de Dios, que ha sido vaciado puro en el cáliz de su ira". Y "[serán atormentados] con fuego y azufre [...] y el humo de su tormento sube por los siglos de los siglos. Y no tienen reposo ni de día ni de noche" (Apocalipsis 14:10?11). Esto no es cualquier cosa. Es espantoso.

Y es para siempre. A pesar de las engañosas "dificultades" de hoy, la enseñanza de la Escritura es diáfana como el cristal. Se nos habla de "eterna perdición" (2 Tesalonicenses 1:9), "fuego eterno [...] castigo eterno" (Mateo 25:41,46), y en cada uno de esos casos se utiliza la misma palabra griega que se aplica a vida "eterna". Así como los gozos del Cielo son eternos, también lo son las aflicciones del Infierno. Judas habla del "castigo del fuego eterno" (versículo 7) y de "eternamente la oscuridad de las tinieblas" (versículo 13).

¡Cuán espantoso será este castigo: justo, terrible y eterno! Juan Calvino dice: "Con tales expresiones el Espíritu Santo, sin duda, quería confundir todos nuestros sentidos mediante el terror" (*Institución de la religión cristiana,* III. xxv. 12).

Para el diablo, sus ángeles y los no salvos

"Todas las personas interesantes estarán en el Infierno", escribió el dramaturgo George Bernard Shaw en una muestra de blasfemia poco seria. Pero la Biblia no nos dice eso.

En el Infierno estará el diablo, "lanzado en el lago de fuego y azufre" (Apocalipsis 20:10). Acompañándole estarán "sus ángeles" (Mateo 25:41), por el momento "[guardados] bajo oscuridad, en prisiones eternas, para el juicio del gran día" (Judas 6). Estos demonios, ya conscientes de su destino final cuando Jesús estuvo en la Tierra, se acobardaron ante el poder del Salvador: "[...] ¿qué tienes con nosotros [...]? ¿Has venido para destruirnos?". "Y le rogaban que no los mandase ir al abismo" (Marcos 1:24; Lucas 8:31).

El Infierno también es para los malvados más destacados. "Los cobardes e incrédulos, los abominables y homicidas, los fornicarios y hechiceros, los idólatras y todos los mentirosos tendrán su parte en el lago que arde con fuego y azufre" (Apocalipsis 21:8). ¡Qué galería de repugnantes canallas! Estas son las "personas interesantes" de George Bernard Shaw.

Pero no solo se verán en el Infierno los descaradamente malvados. Pablo identifica para nosotros a aquellos de los que Dios se vengará con "llama de fuego". ¿Quiénes son? ¿Qué monstruos de depravación pueden ser? ¿Los Hitlers? ¿Los Stalins? Sí; pero también todos "los que no conocieron a Dios, ni obedecen al evangelio de nuestro Señor Jesucristo" (2 Tesalonicenses 1:8). Muchas de ellas, personas aparentemente honradas, amables, buenos ciudadanos, padres amorosos, empleados de confianza, vecinos amigables. Pero nunca confiaron en Cristo como Salvador. Rehusaron "obedecer el Evangelio".

¿Estás tú en esa situación? Quizá pienses que eres una persona razonablemente buena; quizá sientas que no eres culpable de ningún gran delito, que jamás has hecho alguna cosa de la que te sientas realmente avergonzado. Pero el Evangelio dice: "Cree en el Señor Jesucristo", y tú no has obedecido ese mandato. Aun cuando nunca fueras a cometer otro pecado, Dios se vengaría de ti con llama de fuego si no obedeces su Evangelio. Solo quienes hayan confiado en Cristo escaparán del Infierno. "El que rehúsa creer en el Hijo no verá la vida, sino que la ira de Dios está sobre él" (Juan 3:36). Pero "el que oye mi palabra, y cree al que me envió, tiene vida eterna; y no vendrá a condenación, mas ha pasado de muerte a vida" (Juan 5:24).

El destino irrevocable del incrédulo al morir

En el día del Juicio, los cuerpos de los incrédulos que hayan muerto resucitarán del sepulcro, se reunirán con sus almas y serán arrojados al Infierno; pero necesitamos recordar que sus almas ya están en el Infierno. No existe en el universo una tierra de nadie, no hay una sala de espera entre el Cielo y el Infierno, no hay un sueño del alma ni un período de inconsciencia hasta la Segunda Venida de Cristo. Las almas que aún no están morando en sus cuerpos están o bien en el Cielo, o bien en el Infierno.

Cuando los creyentes mueren, sus almas pasan inmediatamente a estar con Cristo. Pablo quería "partir y estar con Cristo, lo cual es muchísimo mejor" (Filipenses 1:23). El Salvador mismo le dijo al ladrón al morir: "Hoy estarás conmigo en el paraíso" (Lucas 23:43), y eso es exactamente lo que le ocurre a cada cristiano al morir. Por el contrario, cuando un incrédulo muere, pasa a estar con Satanás, lo cual es muchísimo peor. Al abandonar esta Tierra, el diablo susurra recreándose maliciosamente: "Hoy estarás conmigo en el Infierno". No existen otras posibilidades. Nuestras almas estarán con Cristo o con Satanás.

Algunos toman el *Seol* del Antiguo Testamento y el *Hades* del Nuevo Testamento para referirse a un estado neutral e intermedio que todos los humanos ocupan antes del regreso de Cristo. Pero esta idea se debe a un malentendido, porque estas palabras se usan en las Escrituras al menos en dos sentidos. A veces hacen referencia al sepulcro al que todos vamos, y otras veces al lugar de castigo al que los creyentes no van. La Versión del Rey Jacobo varía correctamente la traducción de Seol —según el contexto—, de "sepulcro" u "hoyo" a "Infierno".

Aunque la Escritura tiene más que decir acerca del destino de los creyentes que del de los perdidos, no obstante, su enseñanza es bastante sencilla en relación con los que mueren sin Cristo. La parábola de nuestro Señor acerca del rico y Lázaro se refiere claramente al período previo a la resurrección general; el hombre rico ha muerto y ha sido sepultado, y sus cinco hermanos están aún vivos en la Tierra. El fin del mundo no ha llegado; pero aunque muerto, está consciente, porque "en el Hades alzó sus ojos, estando en tormentos". Su cuerpo se está descomponiendo en la tierra, pero su alma está experimentando la angustia en el Infierno. "Estoy atormentado —clama— en esta llama" (Lucas 16:23?24).

Todos los que han muerto en incredulidad están sufriendo en este momento. "Sabe el Señor librar de tentación a los piadosos, y reservar a los injustos para ser castigados [traducido literalmente: "mantener a los injustos en un estado de continuo castigo"] en el día del juicio" (2 Pedro 2:9). No hay una segunda oportunidad, ni esperanza futura, no sirve de nada rezar por los muertos. Ellos escapan a nuestras oraciones, las cuales no les pueden ayudar ya más. Ni siquiera el Dios todopoderoso los ayudará.

Por eso el Evangelio es tan urgente. Por eso Dios nos llama a que creamos en el día de hoy, porque una vez que muramos, será demasiado tarde. En ese momento, el alma está perdida irrevocablemente, aguardando únicamente su reunión con el cuerpo condenado en el día final.

Está gobernado por Dios y existe para su gloria

Necesitamos hacer hincapié en que el Infierno está gobernado por Dios, pues popularmente se cree que, de alguna manera, está lejos de su presencia y fuera de su alcance. La gente piensa que el Infierno es una especie de depósito de basura nuclear en el que Dios encerrará a los malos. Será, por tanto, sellado, sepultado y olvidado, y las almas que estén en aquel horrible lugar de tormento serán abandonadas a su suerte. Quizá John Milton, aunque fuera un gran puritano, sea responsable, en parte, de este concepto erróneo. En *El paraíso perdido*, dedica una gran atención a Satanás, el ángel jefe. Cuando el diablo está a punto de entrar en el Infierno, Milton le hace decir: "Aquí seremos libres por fin [...]. Aquí reinaremos seguros y, en mi elección, reinar es una ambición que merece la pena, aunque sea en el Infierno: Mejor reinar en el Infierno que servir en el Cielo".

El poeta le proporciona una especie de esperanza fatal. "Aquí seremos libres [...] reinaremos seguros". Quizá, de hecho, fuera eso lo que Satanás pensaba y esperaba. "Quizá sea desgraciado, pero seré mi propio jefe. Quizá este sea un lugar de tristeza, pero al menos podré librarme de Dios". Muchos están de acuerdo con él, y ven el Infierno como el lugar donde reina Satanás.

Pero no es cierto. Dios es el único que reina en el Infierno. No es un reino demoníaco independiente y que cuenta con sus propios recursos. Dios, que "tiene poder de echar en el infierno" (Lucas 12:5), lo gobierna y ha preparado su fuego (Mateo 25:41). Él está presente en el Infierno, pues los condenados son atormentados "delante de los santos ángeles y del Cordero" (Apocalipsis 14:10). ¡Qué afirmación tan horrible y misteriosa! Volveremos a ella más tarde.

No, el diablo no reina en el Infierno. No debemos representarlo como una figura tipo James Dean: un rebelde trágico y heroico que está solo delante de Dios, amenazándole con el puño. Milton comete ese error cuando pone las siguientes palabras en boca de Satanás: "¿Qué importa si se pierde el campo? No todo está perdido; la voluntad invencible [...] y el valor jamás rendir ni someter: Esa gloria nunca me la arrebatarán ni su ira ni su poder. Inclinarse e implorar misericordia con rodilla suplicante y deificar su poder [...]. Eso sería una ignominia y una vergüenza indigna de esta perdición".

Hace mella en nuestro interior, ¿verdad? Por muy terrible que sea este pensamiento, hay algo de magnífico en una voluntad indomable, en la cabeza que es cruenta pero orgullosa, en el espíritu que no puede quebrantarse. Tal desafío atrae a nuestra arrogante naturaleza caída. Pero es falso. "En el nombre de Jesús se [doblará] toda rodilla de los que están en los cielos, y en la tierra, y debajo de la tierra; y toda lengua [confesará] que Jesucristo *es* el Señor, para gloria de Dios Padre" (Filipenses 2:10?11). Satanás no será "libre", su voluntad no es "invencible", no existirá su "valor", su "ignominia y vergüenza" serán totales. "Todo está" ya "perdido". No será un príncipe de la oscuridad, imponente en su malvada dignidad, sino un ser despreciable, acobardado ante el fuerte Dios y Señor de todas las cosas. Dios gobierna en el Infierno, así como gobierna en el Cielo.

Asimismo, debemos recordar que el Infierno existe para la gloria de Dios. Entendido adecuadamente, no debería ser incómodo para nosotros. No necesitamos susurrar al hablar de él, ni desear que no existiera. En el Infierno —y podemos decir esto solo con temblorosa reverencia—, la gloria de Dios se revelará en formas nuevas y sorprendentes. Su autoridad real se percibirá más claramente de lo que jamás había sido posible. A su pueblo, perplejo, le serán revelados aspectos nuevos de su santidad y su justicia.

Podemos atrevernos a creer esto porque la Escritura lo enseña. El último libro de la Biblia nos muestra a los habitantes puros del Cielo alabando y dando gracias a Dios por el Infierno. Los veinticuatro ancianos se postran ante Él, diciendo: "Te damos gracias, Señor Dios Todopoderoso [...] porque has tomado tu gran poder, y has reinado. Y se airaron las naciones, y tu ira ha venido, y el tiempo de juzgar a los muertos" (Apocalipsis 11:17?18).

El ángel de las aguas alaba a Dios por sus juicios: "Justo eres tú, oh Señor [...] porque has juzgado estas cosas [...] tú les has dado a beber sangre; pues lo merecen" (Apocalipsis 16:5?6). Como todo lo demás en la creación, el Infierno existe para la gloria de Dios.

Dos dificultades

Aunque estas afirmaciones puedan ser razonablemente sencillas, despiertan ciertas preguntas en nuestras mentes. No todos los problemas que las personas tienen con la doctrina del Infierno proceden de la incredulidad ni de su reticencia a aceptar la enseñanza de Dios. Existen verdaderas dificultades con las que hombres y mujeres piadosos luchan, y que pueden producirles una angustia considerable. Quizá sea útil considerar brevemente dos de las más comunes.

¿Es el Infierno desmesuradamente severo?

Esta es la primera: ¿No son los sufrimientos del Infierno, tanto en su duración como en su severidad, desproporcionados en relación con las ofensas? ¿Es justo que los seres humanos sean castigados por sus pecados en una forma tan horrible y por los siglos de los siglos? ¿Cómo podemos evitar acusar a Dios de injusto llegados a este punto? ¿No excede la pena el delito?

Una respuesta es que nosotros no estamos en situación de criticar la pena, porque nuestro entendimiento de la magnitud de la culpa en cuestión es pequeño. Nuestro concepto del pecado es totalmente inadecuado. Aun la conciencia más sensible es poco consciente de la verdadera maldad del pecado y, sencillamente, nosotros no somos capaces de valorar el castigo que merece. No podemos apreciar lo horrible que es desobedecer a Dios, ni tampoco somos capaces de sopesar la relativa gravedad de nuestras diversas transgresiones contra su Ley.

La sociedad de hoy se encuentra en un estado de caos ético. Piensa en un grupo de jóvenes profesionales disfrutando de una comida en cualquier restaurante de una gran ciudad. No se levantará ni una ceja si alguna menciona que hace poco ha tenido un aborto. Una alusión por parte de otro a su "compañero" del mismo sexo no causaría desaprobación alguna. ¿Pero y si uno del grupo fuera a encender un cigarrillo en la zona de no fumadores del restaurante? ¡Sobresalto, horror, desagrado unánime! ¿Es el humo del tabaco que se fuma más censurable que la perversión sexual o el matar a un niño que no ha nacido? ¿Están capacitadas tales personas para emitir un juicio moral, para decidir cómo debería ocuparse Dios del pecado? No pueden distinguir siquiera entre la perversidad y la mala educación.

Los líderes de la sociedad, por poner otro ejemplo, generalmente desaprueban la pena de muerte; a menos que se trate de un crimen extraordinariamente grave. Normalmente se niegan a pensar en llevar a un hombre a la muerte, aun en caso de asesinato. Pero cuando un bombardero mata a cientos de personas en el centro de una ciudad o a bordo de un avión, o cuando un niño es asesinado en circunstancias de una crueldad repugnante, algunos quizá estén dispuestos a hacer una excepción, a dejar a un lado sus escrúpulos, porque "esto, por supuesto, es diferente, es algo verdaderamente malo…".

Lo cual es exactamente la cuestión: el pecado *es* verdaderamente malo. Es lo peor que nos podamos imaginar. Un ser mortal manifiesta su voluntad en contra del Creador. Nos negamos a adorarle; rechazamos la autoridad del Señor que nos creó. El pecado es sumamente serio porque está dirigido contra Dios, y la gravedad de la ofensa depende de la dignidad de Aquel en contra de quien se ha cometido.

Si viéramos a alguien destrozando un gusano, nos podríamos sentir molestos ante una manera tan cruel e innecesaria de tratar a un ser vivo, pero no nos horrorizaríamos, no nos quitaría el sueño ni estaríamos angustiados por su destino. Si estuvieran mutilando a un gato, estaríamos mucho más molestos y probablemente intervendríamos, pues, en nuestra escala de valores, un gato es un animal más noble que un gusano. Y si viéramos a alguien torturando a un niño, nos horrorizaríamos y nos quedaría ese recuerdo en nuestra mente para siempre. La acción sería la misma en cada caso, pero contra un tipo de ser diferente. Partir un gusano en dos no es tan malo como partir a un ser humano en dos. ¿Pero, entonces, cuán grave debe de ser una ofensa contra Dios, que está por encima de todas las criaturas, que es el Creador, el No Creado? ¿Cómo podemos empezar a valorar tan horrible perversidad?

La culpa del pecado tampoco tiene relación, necesariamente, con el tiempo que lleva el cometerlo. La gente se pregunta por qué debería ser castigada eternamente por un pecado que solo duró unas horas o unos días; pero su lógica es imperfecta. Podrías matar a una persona en un segundo o estafarle los ahorros de toda su vida durante un período de diez años. El primer delito es más "corto" que el segundo, ¿pero incurriría en una pena menor por esa razón? La cantidad de tiempo no es pertinente para la culpa que implica. Aun un pecado momentáneo tiene una dimensión eterna, porque es contra Dios, que es infinito.

Asimismo, debemos recordar que quienes están en el Infierno continúan pecando, incurriendo en más culpa por toda la eternidad. La sentencia divina es: "El que es injusto, sea injusto todavía; y el que es inmundo, sea inmundo todavía" (Apocalipsis 22:11). Como John L. Dagg lo expresa: "Un pecador no puede volverse inocente al ser confirmado en el pecado [...]. La condición futura de los malos es principalmente terrible, porque están abandonados por Dios al completo ejercicio e influencia de sus pasiones impías y la consiguiente acumulación de culpa por siempre y para siempre[1]". En otras palabras, quienes están en el Infierno se hacen cada vez más culpables y acumulan cada vez más pecado, lo que merece el aumento del castigo. Tras siglos incontables, tendrán que responder de más cosas que cuando fueron condenados la primera vez.

Pero la prueba definitiva de la gravedad del pecado y lo justo del castigo eterno la ofrece la Cruz de Cristo. Escucha de nuevo a Dagg: "Si la ira y la condenación hubieran sido cuestiones triviales, la venida del único Hijo de Dios al mundo, el hecho de que cargara con nuestros pecados sobre Él y todos los recursos que adoptó para librarnos de estos males insignificantes, hubieran sido indignos de una sabiduría infinita". ¿Entiendes su razonamiento? Si el pecado fuera trivial, una cuestión relativamente pequeña, ¿hubiera enviado Dios a su Hijo para que se ocupara de ello? Si se pudiera expiar fácilmente, si una pena liviana fuera suficiente para resarcirlo, ¡qué desperdicio derramar la sangre preciosa del Unigénito! Dagg continúa: "El poder de la ira de Dios no lo puede concebir la inteligencia finita; pero Dios lo entiende bien, y el valor total del mismo se determinó en los profundos consejos que concibieron el plan de salvación[2]". Es increíble que el trino Dios que todo lo sabe, hubiera dispuesto el ofrecerse a sí mismo en sacrificio para erradicar una maldad meramente finita. La muerte de Cristo en el Calvario es incompatible con un conocimiento limitado de la culpa del pecado. W.G.T. Shedd hace gala de una profunda percepción cuando comenta: "La doctrina de la expiación vicaria de Cristo, lógicamente, se confirma o se destruye con la del castigo eterno[3]".

Seamos totalmente claros. Si obviamos el Infierno estaremos obviando la Cruz, al fin y al cabo, puesto que si no hay Infierno, no hay un propósito real para la Cruz. No hubiera habido necesidad de que Jesús viniera ni de que fuera maldito por el pecado; no hubiera necesitado experimentar el horror del abandono. La Cruz y el Infierno se confirman o se destruyen unidos. El Infierno es extremo, pero eso es porque el pecado es extremo y porque se tomaron medidas extremas para nuestra salvación. No podemos escudriñar la maravillosa Cruz, meditar en el sufrimiento del Salvador y afirmar que el Infierno es un castigo inadecuado para el pecado.

Pero Dios es amor. ¿No es el Infierno contrario al carácter de Dios?

Esta pregunta presenta otra dificultad. Dios "se deleita en misericordia" (Miqueas 7:18), ¿cómo, pues, puede soportar enviar a algunas de sus criaturas al tormento eterno? ¿Harías tú eso a un hijo, o siquiera a un perro? Por supuesto que no. Ninguno de nosotros arrojaría a un animal a las llamas del Infierno para siempre. ¿Cómo, pues, puede hacerlo Dios? ¿No es Él un Dios de amor?

Lo es, verdaderamente, pero también es santo y justo, y sus atributos encajan de manera armoniosa; no se oponen los unos a los otros. El amor de Dios no se puede poner jamás en contra de su santidad, pues estas cualidades son amigas, no enemigas. Cuando actúa rectamente, no compromete su misericordia en ningún sentido. En la plenitud de su perfección se ejercitan y manifiestan todos sus atributos, sin excepción. Ninguno de ellos se puede cancelar o desautorizar, porque Dios no puede negarse a sí mismo.

Estamos de acuerdo en que es justo que el Dios santo odie el pecado. Este es un elemento esencial de su Ser y, puesto que es infinito, odiará el pecado con un odio infinito. Pero si tal odio es bueno, ¿no debería expresarlo? Dios revela su amor y su misericordia, pero también manifiesta su justicia y su ira. No hacerlo sería mutilarse a sí mismo y darnos una descripción parcial de su gloria. No hay, sin embargo, contradicción, porque Él es santo en su amor y su bondad no se ve amenazada por su justicia.

Por otro lado, si nos cuestionan acerca de por qué un Dios amoroso sencillamente no pasa por alto el mal, podemos preguntar si la indiferencia ante el pecado es una virtud. ¿Admiramos a las personas que no tienen un sentido claro del bien y del mal? Cuando una democracia está deseando elegir pícaros poco escrupulosos para los altos cargos, ¿qué nos dice eso de la salud moral de la nación? ¿Qué pensaríamos de alguien que insiste en seguir siendo amigo íntimo de un asesino de niños que no se arrepiente o de un juez que dicte la sentencia más leve que exista para tal criminal? ¿Los elogiaríamos por su buen corazón y su afabilidad? De ninguna manera. Nos enfermaría su insensibilidad ética. Despreciaríamos a quienes tienen tan poca aversión por la maldad o nos compadeceríamos de ellos. ¿Por qué piensa, pues, la gente que Dios debería comportarse de otra manera, que debería pasar por alto lo malo en interés de una simpática benevolencia?

Robert L. Dabney proporciona un ejemplo convincente con la experiencia de dos personas que él conoció. Una de ellas era una mujer piadosa que confió en el Señor, vivió una vida de santidad y amor y que, sin embargo, estuvo plagada de dolores y enfermedades todos sus días y murió con mucho dolor. La otra era un infeliz malvado e inmoral, un hombre cruel que había cometido asesinato. Pasó sus años con salud y felicidad y fue arrebatado del mundo de repente, sin malestar ni dolor. En palabras de Dabney:

> Supongamos ahora que a estas dos personas, al aparecer ante la presencia de Dios casi al mismo tiempo, se las introdujera en el mismo Cielo [...]. Si esta fuera la Justicia de Dios, entonces Él es más temible que la ciega casualidad, que el Príncipe de la oscuridad mismo. Creer que nuestro destino eterno está en manos de tal omnipotencia sin escrúpulos es más horrible que morar en la corteza engañosa de un volcán[4].

¿Qué clase de Dios trataría el bien y el mal de la misma manera? Si Dios pudiera considerar el pecado y decir: "No importa, en realidad a mí no me atañe; olvídalo, porque yo lo haré; sé bienvenido a mi Cielo", ya no sería más Dios.

O podríamos aproximarnos al problema afrontando el hecho evidente de los sufrimientos de esta vida. La gente pregunta cómo un Dios de amor puede infligir un padecimiento eterno en sus criaturas, pero podríamos preguntar, igualmente, por qué puede permitir que sus criaturas sufran cualquier tipo de padecimiento. Sin embargo, lo hace. El mundo está lleno de dolor e infelicidad. Está bastante claro que Dios juzga el pecado y que lo ha hecho así desde la Caída. Creemos, sin embargo, que Él es amor, a pesar de sus juicios, que anuncian el futuro. Como lo expresa John Blanchard: "Los juicios de Dios recaen lo suficientemente a menudo sobre este mundo como para que sepamos que Dios juzga, pero también son lo suficientemente escasos como para que sepamos que debe haber un Juicio venidero[5]".

Si un Dios amoroso no pudiera infligir sufrimiento, la salvación sería automática. Si Dios estuviera obligado a perdonar, si su amor le obligara siempre a mostrar misericordia y a recibir en el Cielo, entonces no existiría tal cosa como la gracia y no estaríamos en deuda con Él en ningún sentido. La redención sería obligatoria, nuestro derecho inalienable. La Cruz sería una irrelevancia suprema. Si un Dios de amor no tuviera posibilidad alguna de mandar a nadie al Infierno, ¿qué significaría, pues, Juan 3:16?

Los incrédulos se valen del Infierno para acusar a Dios de falta de amor, de no poder ser misericordioso. Pero lo cierto es que hay misericordia, porque en Cristo "Dios muestra su amor para con nosotros, en que siendo aún pecadores, Cristo murió por nosotros" (Romanos 5:8).

Los pecadores oyen del amor de Dios, se les insta a que acepten su amor. Pero si lo rechazan y lo niegan y después se quejan de que Dios no es amoroso, ¿están siendo razonables? Él es amoroso, pero ellos no quieren su amor. Lo pisotean y tienen las agallas de criticar, de ponerse en pie —por así decirlo— al pie del Calvario, donde su Hijo unigénito derramó su sangre y murió, y quejarse de que no pueden creer en su misericordia. ¿Cómo puede alguien, a la luz de la Cruz de Cristo, atreverse a decir que Dios no es amoroso?

Sugerir que la existencia del Infierno pone en duda el amor del Dios y Padre de nuestro Señor Jesús es una blasfemia.

El propósito de la doctrina bíblica

Lo que hemos estado considerando es, sin duda, inquietante. La Biblia contiene muchas afirmaciones acerca del Infierno que son aterradoras en sumo grado, y por eso se la ha tachado de sedienta de sangre e inquietante. ¿Por qué —preguntan los críticos— es necesario que estas ideas horribles se incluyan en un libro religioso? ¿No sería más apropiado para la Biblia ser reconfortante y alentadora de manera uniforme? ¿Por qué ha revelado Dios una doctrina tan aterradora en su Palabra? ¿Quién quiere leer ese tipo de cosas?

Nadie, probablemente; pero lo que nosotros queramos no importa. Yo no quiero que me despierte a las tres de la madrugada alguien que grita "¡Fuego!" tras la ventana de mi dormitorio. No quiero salir de una cama caliente, darme un golpe en la pierna con una silla en la oscuridad, salir deprisa en bata, levantar a toda la familia y estar de pie con ella en una fría calle. Si al hacerlo descubriera que había sido víctima de una broma pesada, estaría considerablemente molesto y pensaría que es un ejemplo de necedad irresponsable. Si, por el contrario, viera que parte de mi casa está envuelta en llamas, estaría agradecido a quien me hubiera despertado de mi sueño y salvado nuestras vidas. La cuestión no serían las voces, lo inapropiado de la hora, las palabras aterradoras ni la molestia o la tensión. La cuestión sería, más bien: ¿era cierto el aviso? Si lo fuera, entonces cuanto más fuertes los gritos, mejor.

Los avisos son desagradables y, normalmente, no son bienvenidos. Pero si están basados en la realidad, son cariñosos y beneficiosos; los necesitamos y deberíamos aprovecharnos de ellos. Dios nos advierte, de forma alarmante, acerca del Infierno porque es una realidad aterradora y nos insta a escapar de ella.

Supongamos que la Biblia no nos hubiera dicho nada acerca del Infierno, ni una sola palabra acerca del Juicio futuro ni de la condenación. ¿Lo haría un libro más amoroso? ¿Ocultar la realidad desagradable es una prueba de verdadero cariño? En absoluto, precisamente es lo contrario. Las personas se quejan de las advertencias de Dios cuando deberían arrodillarse y darle gracias por ellas. Él nos advierte acerca del Infierno por su amor y misericordia, para que podamos librarnos de él.

Se ha descrito a Jesucristo como el teólogo del Infierno, porque tenía más cosas que decir acerca de él que ninguna otra persona. Pero nosotros podemos pasar por alto lo que su insistencia en el Infierno implica en realidad. Sin duda, significa que el Infierno debe de ser real, puesto que la información acerca del mismo viene de labios de Aquel que es "la Verdad". Pero hay una cosa aún más maravillosa.

Por la gracia de Dios, Aquel que más nos habla del Infierno es el único que nos puede salvar de él. ¿Qué más podemos pedir? La Persona que Dios envió para advertirnos es precisamente la Persona que puede librarnos. Esa es la belleza y la maravilla de la advertencia de Dios: Envía la advertencia por medio del Libertador. Este no es un mensaje áspero, jactancioso. Es infinitamente tierno e infunde esperanza.

Quizá hayas oído acerca del Infierno en muchas ocasiones. Se te ha advertido una y otra vez acerca del día del Juicio y de la condenación inevitable de los pecadores, pero quizá nunca te hayas vuelto a Cristo, el único que puede rescatarte de este futuro aterrador. No te has arrepentido de tus pecados; no has clamado al Señor Jesús para que te salve. Sus advertencias han sido desatendidas.

¿Qué dirás cuando estés de pie ante Dios? Él te recordará que fuiste avisado, más de una vez; pero tú no escuchaste. Tú "[pisoteaste] al Hijo de Dios" e "[hiciste] afrenta al Espíritu de gracia" (Hebreos 10:29). Si rehúsas creer en Cristo, si no lo recibes como tu Salvador, estarás condenado y merecerás estarlo.

"[Huid] de la ira venidera" (Mateo 3:7).

NOTAS

[1] *A Manual of Theology* (Un manual de Teología), p. 373 (Harrisonburg, Va.: Sprinkle Publications 1857, reimpresión 1990).

[2] *Ibíd.*, pp. 365-6.

[3] *The Doctrine of Endless Punishment* (La doctrina del castigo eterno), p. 153 (Edimburgo: Banner of Truth 1885, reimpresión 1986).

[4] *Systematic Theology* (Teología sistemática), p. 861 (Edimburgo: Banner of Truth 1871, reimpresión 1985).

[5] *¿Qué ha pasado con el Infierno?*, p. 134.

3

"Eterna perdición"

¿PODEMOS IMAGINARNOS cómo será estar en el Infierno? ¿Deberíamos siquiera intentarlo? ¿No sería una tentativa fallida describir los sufrimientos de los condenados?

Porque, por lo que respecta a muchas personas, este no es un ejercicio teórico. Las almas de sus seres queridos, que murieron sin muestra alguna de fe salvadora, probablemente estén en el Infierno en este momento; pensar en su existencia presente y futura solo puede causarles un profundo dolor a aquellos creyentes que se preocuparon por ellos. ¿No sería mejor correr un suave velo sobre el destino de los perdidos, encubrir la Verdad con una amable reserva? Quizá algunas realidades sean demasiado espantosas para contemplarlas.

Nos volvemos aún más reticentes a pensar y hablar del Infierno cuando observamos la insensibilidad espantosa con la que ha sido descrito en numerosas ocasiones. Un escritor, por ejemplo, describe a los malos "pendiendo de sus lenguas mientras las llamas de fuego los atormentan desde abajo". Otro dice de una persona que está en el Infierno: "Las llamas de fuego salían a borbotones de sus orejas, de sus ojos, de su nariz y de cada poro". Se describe a los condenados comiéndose los unos a los otros, desgarrándose los unos a los otros con los dientes. En un pasaje especialmente horrible de un libro del siglo XIX, el tono manifiesta casi una recreación maligna: "El niño pequeño está en este horno al rojo vivo. Escucha cómo grita para salir; mira cómo se dobla y se retuerce en el fuego. Golpea su cabeza contra el techo del horno y da patadas con sus pequeños pies en el suelo[1]". Afirmaciones así de pintorescas sobrepasan con mucho las verdades aleccionadoras de la Biblia. Se deben más a imaginaciones demasiado estimuladas que a la enseñanza del Espíritu Santo. Tales caricaturas son ordinarias, imprecisas y no se corresponden con la Biblia. Nos avergüenzan y nos encogemos ante el pensamiento de que nos puedan relacionar con ellas.

Sin embargo, tenemos que afrontar el horror de los sufrimientos del Infierno, pues la Biblia nos los revela con viveza y detenimiento. El Señor Jesús mismo describe el Infierno con detalle y, con toda seguridad, nosotros no somos más sensibles ni más tiernos con los sentimientos del pueblo de Dios de lo que Él lo era. Afirmar que nosotros somos demasiado refinados y humanos para considerar tales cosas sería criticar a nuestro Salvador. Él habló acerca de lo que será el Infierno de manera gráfica, y nosotros deberíamos meditar en sus palabras tan seriamente como podamos.

Lo importante es mantener firmes las riendas de nuestra imaginación, evitando conjeturas y rehusando sobrepasar lo que la Palabra de Dios dice realmente. Si nos atenemos a las frases y a las descripciones que encontramos en la Escritura, no nos equivocaremos mucho.

Sin embargo, esto puede hacer surgir una pregunta en algunas mentes. ¿No es figurativo y simbólico gran parte del lenguaje de la Biblia? Sus escritores humanos son muy aficionados a los símiles y a las metáforas, y expresan la Verdad valiéndose de una hipérbole colorista, con ese gusto oriental por resaltar mediante la exageración. ¿No es necesario, pues, que tengamos cuidado de no interpretar las descripciones del Infierno demasiado literalmente? Los pasajes poéticos, por ejemplo, carecen de sentido si se tratan de esta manera. La puntualización es válida. Hay algunas afirmaciones acerca del Infierno que no podemos interpretar con una inflexible ausencia de imaginación. Se nos dice, por ejemplo, que el diablo es arrojado a las llamas; pero el diablo es un espíritu: no tiene cuerpo.

Cualesquiera que sean, pues, esas llamas, no podemos limitarlas a ser llamas literales.

También reconocemos que la realidad del Infierno sobrepasa en tanto nuestra experiencia, que el lenguaje no puede adecuarse a su descripción. Eso es cierto, de hecho, en muchas cosas de la vida, a menudo aquellas que son más significativas para nosotros. A lo largo de la Historia, los poetas y los dramaturgos han escudriñado minuciosamente sus vocabularios en un intento de describir el amor. Sus esfuerzos han sido magníficos, dando como resultado obras maestras. ¿Pero alguna vez nos han descrito suficiente y adecuadamente lo que es el amor? ¿No hay aún mucho más que decir? O, a un nivel menos romántico, ¿cómo empezarías a explicar, a alguien que jamás la haya comido, el sabor de tu comida favorita? Las palabras no son suficientes; solo pueden llegar hasta un determinado punto, hacer representaciones, pero sin alcanzar la realidad. Juan Calvino comprendió que el Infierno era, literalmente, indescriptible: "Ahora bien, puesto que ninguna descripción puede ocuparse lo suficientemente de la gravedad de la venganza de Dios contra los malos, sus tormentos y torturas se nos expresan, en sentido figurado, mediante cosas físicas[2]".

Podemos acordar, pues, que gran parte del lenguaje de la Escritura es simbólico. Pero esto conduce a muchos a concluir, erróneamente, que detrás de estos símbolos no hay una realidad objetiva. Estas expresiones terribles que la Biblia utiliza acerca del Infierno solo son —dicen— figuras, representaciones que no deben tomarse literalmente. No deberíamos alarmarnos por ellas, porque el Infierno —aseguran— no es así en absoluto.

Pero eso es una interpretación completamente errónea de lo que es un símbolo. Por su naturaleza misma, un símbolo o un signo es siempre menor que la realidad que representa. La realidad que está detrás del símbolo siempre es más grande. Si estamos conduciendo y vemos una señal en la que están dibujados dos o tres niños pequeños cruzando la carretera, sabemos que hay una escuela cerca de allí, pero no nos imaginamos, ni por un momento, que la señal es una descripción completa de la escuela. El pan que comemos en la Mesa del Señor es una señal y un sello de Jesucristo; es un símbolo maravilloso que habla de unos medios de vida, de una fe humilde, de una aceptación personal; pero nuestro Señor es infinitamente más que este símbolo de su cuerpo.

No hay, pues, alivio posible al decir que el lenguaje que describe el Infierno es simbólico. Eso no hace que el Infierno sea menos aterrador. Antes bien, nos recuerda que la realidad es peor que el más aterrador de los símbolos.

Te pido que intentes imaginar por un momento cómo será estar en el Infierno. Si no eres cristiano, esto te atañe directamente y de manera urgente, porque si no confías en el Señor Jesús, un día te encontrarás tú mismo en el Infierno. Entonces no tendrás que imaginarte cómo será, porque lo sabrás por experiencia. Oro para que ese no sea el caso. Que Dios permita que el Espíritu Santo obre en tu corazón al leer estas palabras, para que este sea el tiempo de tu salvación, cuando Cristo te haga libre.

Podemos resumir la enseñanza bíblica en cuatro apartados, al pensar en el Infierno como: miseria absoluta, dolor atroz, una presencia airada y una perspectiva aterradora.

Miseria absoluta

En primer lugar, el Infierno es un lugar de miseria absoluta, porque implica la separación de Dios. Los perdidos "sufrirán pena de eterna perdición, excluidos de la presencia del Señor" (2 Tesalonicenses 1:9). "Apartaos de mí, malditos", será el veredicto de Cristo para todos aquellos que no sean pueblo suyo (Mateo 25:41). Los destierra, les ordena huir de su presencia. Quizá por esta separación, a menudo se hace referencia al Infierno como un lugar de tinieblas. "Dios es luz, y no hay ningunas tinieblas en él" (1 Juan 1:5), pero los malos serán "echados a las tinieblas de afuera" (Mateo 8:12). Ir al Infierno significa estar separado de Dios.

Quizá no te parezca preocupante esa perspectiva. No te gusta pensar en Dios; Él te molesta; su existencia no te es bienvenida y sería un alivio estar lejos de Él para siempre. Ahora eres bastante feliz al vivir tu vida sin tener relación con Dios, y la separación eterna de Él sería, de hecho, una buena noticia.

Esta es una idea corriente, pero está basada en una profunda equivocación.

Porque nadie vive sin Dios; nadie lo ha hecho ni nadie lo hará. Él te proporciona cada bocanada de aire que respiras. Su bondad rodea y sostiene cada momento de tu existencia. Él hace que el Sol salga sobre buenos y malos y envía lluvia tanto sobre justos como sobre injustos (cf. Mateo 5:45). Él te da la belleza de una tarde de verano, el refrigerio de una brisa fresca y el esplendor de un paisaje de montaña. Te deleita con el sabor del pan crujiente recién hecho o con el jugo de un melocotón maduro.

Quizá hayas experimentado el éxtasis del amor. Tu corazón se ha deshecho en afecto hacia tu marido o tu esposa, hacia tus padres o tus hijos. Sin duda, a menudo te has regocijado con el calor de una amistad verdadera. Estos son regalos de Dios. Quizá aprecies el arte, la literatura o la música; quizá disfrutes con el efecto vigorizador del deporte y del ejercicio físico. Probablemente tengas aspiraciones en la vida, quizá seas lo suficientemente afortunado como para tener un trabajo que te haga superarte y te satisfaga, proyectos o aficiones que encuentres estimulantes. Ríes y te sientes feliz. Te acuestas en la cama por la noche y recuperas las fuerzas con el sueño. Todas estas cosas son bendiciones de Dios. A Él le debes todo lo que hace que la vida sea llevadera y merezca la pena.

Pero en el Infierno todo esto se te arrebatará. Te verás privado de todas las personas que quieres, de todo lo que valoras. No brillará el Sol; no se abrirá ninguna flor; no habrá risa, ni emoción, ni satisfacción de ningún tipo. Estas cosas vienen de Dios, y estar separado de Él es estar separado de todos sus regalos. Ahora los das por hechos; nunca le das gracias al Dador y no tienes ni idea de la magnitud de tu deuda con Él. Pero, cuando desaparezcan ¡qué miseria!

Más aún, en el Infierno, tu personalidad misma, el verdadero "tú" se degradará para siempre. Serás despojado de toda la dignidad que ahora tienes como portador de la imagen de Dios; toda tu humanidad se corromperá, perderás todo tu valor. La palabra clave del Nuevo Testamento, llegados a este punto, es "destrucción" o "perdición". Esto no significa aniquilación, sino perdición de todo lo que merece la pena. Algo que se pierde se hace inútil para el propósito con el que había sido concebido, se hace irreconocible en relación con lo que una vez fue. Decimos que la goma "se ha echado a perder". Quizá aún se llame goma, pero su elasticidad y firmeza han desaparecido. Ya no posee lo que le proporcionaba su identidad, ya no puede cumplir su verdadera función. Lo único que queda es una falsificación.

Perderse quiere decir que tú, como ser, te degradarás aún más, serás más despreciable y te sentirás más solo. Estarás rodeado de demonios y de humanos condenados y malvados. Te odiarán y tú los odiarás. Todo lo bueno que hay en ti se te quitará y todo lo malo de ti será soltado. Todas tus pasiones malvadas arderán, se harán más grandes y te consumirán hasta que te conviertas en un ser absolutamente vil.

Así será tu existencia. ¡Cuán desgraciada! Ni una cosa buena, nada que merezca la pena, una horrible y triste monotonía que ni un solo rayo de luz estimula mientras te ulceras y te cueces en tu propia repugnancia. Eso es lo que te ocurrirá. Piensa en la persona más desesperada, abandonada en la cloaca. Su existencia es el Paraíso comparada con la pobreza del Infierno.

Dolor atroz

Pero hay algo peor: el dolor atroz. Con mucha frecuencia, la Biblia describe el Infierno como un lugar de fuego. Los malos "tendrán su parte en el lago que arde con fuego" (Apocalipsis 21:8). Nuestro Señor nos advierte que amputemos de nuestras vidas toda ocasión de pecado porque "mejor te es entrar en la vida cojo o manco, que teniendo dos manos o dos pies ser echado en el fuego eterno" (Mateo 18:8).

¿Por qué fuego? Una razón es que el fuego alude al dolor. Hoy en día se afirma que hace referencia, principalmente, a la aniquilación. Algunos ven el Infierno como una incineradora que reduce a cenizas todo lo que se ponga en su interior, pero esto no cuadra con la evidencia bíblica. El hombre rico de la parábola pidió una gota de agua sobre su lengua porque —decía— "estoy atormentado en esta llama" (Lucas 16:24). El fuego no aniquilaba.

Causaba dolor. Se nos dice que el idólatra "será atormentado con fuego y azufre" (Apocalipsis 14:10), y el verbo utilizado es el término griego normal para "torturar". El fuego tortura, causa el más profundo e intenso de los dolores.

Piensa en el dolor aun de la más pequeña quemadura. Tocar una estufa caliente produce una ampolla que te hace estremecer durante horas. Unas pocas gotas de agua hirviendo nos hacen estremecer de dolor y gritar. Aun una diminuta chispa escuece y molesta. ¿Cuál debe de ser, pues, el dolor de ser arrojado a las llamas, en cuerpo y alma, para siempre? No podemos imaginarnos lo que será para los cuerpos resucitados de los condenados. No se nos dice la medida en que ese sufrimiento será físico, pero podemos estar seguros de que, a lo menos, el fuego del Infierno implica un dolor atroz. Por eso se han escogido las palabras. Será un equivalente horrible de la zarza que ardía sin consumirse (cf. Éxodo 3:2). Los malos arderán con fuego, pero no serán consumidos.

Cristo utiliza una expresión especialmente aterradora para describir el Infierno cuando se refiere a él como el lugar donde "el gusano de ellos no muere, y el fuego nunca se apaga" (Marcos 9:46). Está citando el último versículo del libro de Isaías, donde el profeta ha estado hablando de los nuevos cielos y la nueva Tierra. Dios ha reunido una gran multitud procedente de todas las naciones para adorarle en su Templo; y los adoradores "saldrán, y verán los cadáveres de los hombres que se rebelaron contra mí; porque su gusano nunca morirá, ni su fuego se apagará" (Isaías 66:24). La referencia es a los cadáveres que se quedaban sin sepultar después de la batalla, que era la más grande de las desgracias en los tiempos antiguos. Negar un entierro honroso a un enemigo suponía infligirle la humillación final. Los vencedores que deseaban envilecer finalmente a sus enemigos inertes, o bien quemaban sus cuerpos, o los dejaban para que se descompusieran. Pero, al menos, el fuego se apagaba cuando había consumido la totalidad de su horripilante combustible. Cuando los gusanos se hubieran comido los cadáveres hasta los huesos, ellos mismos morirían. Aquí, sin embargo, el fuego nunca se apaga y los gusanos jamás quedan satisfechos. Los judíos quedaron tan impactados por esta profecía que, contrariamente a lo habitual, cambiaron de sitio lo que ahora son los versículos 23 y 24 en sus reuniones en la sinagoga, para que la lectura pública de la Escritura no terminara con tan fatal desenlace.

Sin embargo, esta es la espantosa descripción que nuestro Señor aplica a los tormentos del Infierno. El gusano que nunca muere es horrible, royendo para siempre a los habitantes del Infierno, comiéndolos continuamente, sin darles descanso. Esto hace referencia, probablemente, a la conciencia. En esta vida ya conocemos parte del sufrimiento de la conciencia, y puede ser terrible. Ser conscientes de la culpa moral puede conducir a la locura o al suicidio. ¿Cuántos de los que buscan terapia para el estrés o la depresión sufren, en realidad, de conciencias atormentadas? Han pecado, pero no conocen la paz con Dios por medio de Jesucristo; no se dan cuenta de que, lo que en realidad los está molestando es una conciencia quebrantada. Ahogada e injuriada, la conciencia es responsable de gran parte de la inquietud interior que se cierne sobre la sociedad de hoy.

A pesar de ello, en esta vida, nuestras conciencias son relativamente insensibles. Las de los impíos, con toda seguridad, a menudo están cauterizadas y encallecidas; no perciben, como debieran hacerlo, la atrocidad del pecado. Pero es muy posible que, en el Infierno, las conciencias de los condenados sean sensibilizadas de nuevo. John Flavel escribe: "La conciencia, que debería haber sido el freno del pecador en la Tierra, se convierte en el látigo que debe azotar su alma en el Infierno. No existe una facultad o un poder perteneciente al alma del hombre que sea tan adecuado y esté tan capacitado para hacerlo como su propia conciencia. Lo que fue el soporte y el centro de toda culpa, se convierte ahora en el soporte y centro de todos los tormentos[3]".

Si vas al Infierno, ¡cómo te lo reprochará tu conciencia! Quizá recuerdes a tu padre dirigiendo a tu familia en adoración, leyendo la Biblia y orando por ti y contigo. ¿Y tu madre, que te habló de Jesús? Ella te amaba y hubiera dado cualquier cosa por verte convertirte en cristiano. Recordarás cada culto de iglesia al que acudiste, cada sermón que escuchaste. Quizá te vengan a la memoria momentos en los que Cristo se acercó, cuando tu corazón se conmovió y sabías que tenías que clamar al Salvador. Vendrán a tu mente buenos cristianos y el agradable ejemplo de piedad que fueron para ti. O quizá no tuviste los beneficios de un trasfondo cristiano y, aun así, ha habido ocasiones en las que estabas asustado o necesitabas ayuda y prometiste servir a Dios si te ayudaba. Él lo hizo, pero tus promesas se quedaron sin cumplir. ¿Cómo se te presentarán tales recuerdos en el Infierno? ¿No serán amargos? "¿Por qué no escuché, por qué no aproveché todas aquellas oportunidades? —gritarás—. Estoy aquí por mi culpa". Tu conciencia te atormentará. Será un gusano voraz, que nunca muere, y que no permitirá que tengas paz en toda la eternidad.

Y "será el lloro y el crujir de dientes" (Mateo 8:12). Esta es la expresión que Cristo utiliza con más frecuencia para describir la experiencia del Infierno (cf. v. gr. Mateo 13:42; 22:13; 24:51; 25:30). "Lloro". ¿Cuántas veces has llorado en tu vida; llorado de verdad, con un corazón quebrantado, sintiéndote desolado, miserablemente infeliz, con la pena creciendo en tu interior como una dolorosa carga hasta el punto que pensaste que tenías que desplomarte o estallar? Quizá hayas derramado lágrimas cuando has sido malentendido o traicionado, o en ciertos momentos en los que te encontrabas insoportablemente solo. El dolor intenso hace que las personas lloren. Todos hemos llorado amargamente por la muerte de un ser querido. Esa es la clase de pesar descrita aquí, pues la palabra que Jesús utiliza se refiere a un lamento fuerte, a una tristeza sin consuelo.

¡Piensa en ello! Jesús dice que en el Infierno las lágrimas rodarán por tus mejillas y que tu cuerpo estará atormentado con sollozos incontrolables. Te invadirá un pesar de lo más amargo, y no únicamente el pesar de la tristeza, sino el de la culpa y el de la aversión a uno mismo. Si se pudieran reunir todas las lágrimas que se han derramado en la Tierra desde el Edén, ni siquiera podrían empezar a compararse con las lágrimas de un solo individuo en el Infierno. Llorarás mucho más de lo que el mundo haya conocido. Llorarás y llorarás para siempre.

No solo llorarás, sino que habrá "crujir de dientes". Suena a cólera o locura. "Maquina el impío contra el justo, y cruje contra él sus dientes" (Salmo 37:12). El profeta describe cómo los enemigos de Jerusalén "abrieron contra ti su boca; se burlaron, y crujieron los dientes" (Lamentaciones 2:16). Es la descripción de un perro rabioso, enseñando los colmillos desnudos, furioso hasta la locura. Así rechinarán de rabia sus dientes los condenados, con una furia impotente, y lo harán hacia sus compañeros, hacia sí mismos, hacia sus pecados, hacia Dios mismo. El padre de un muchacho endemoniado describía la manera en que, bajo el control del espíritu maligno, "echa espumarajos, y cruje los dientes" (Marcos 9:18). Aquello era un tenue anuncio de la furia loca de los perdidos.

¿Quién puede imaginarse los tormentos del Infierno? Con nuestros anestésicos y analgésicos de cualquier tipo, en el mundo de hoy sabemos poco del dolor. Pero la tortura del fuego, el tormento interior de un gusano devorador, los amargos sollozos de rabia de los condenados: tal será la condición de todo aquel que esté en el Infierno. ¿Es eso lo que elegirás? ¿Quieres experimentarlo por ti mismo?

Dolor atroz, ¿puede haber algo peor? Sí, por cierto.

Presencia airada

Porque, en tercer lugar, hay una presencia airada. Normalmente se sostiene la idea de que el Infierno es el único lugar en el universo del que Dios está ausente. Esta idea encuentra una expresión típica en la conocida afirmación: "El pecado es el hombre diciéndole a Dios: Márchate y déjame solo. El Infierno es Dios diciéndole al hombre: Te concedo tu deseo". Suena coherente, pero no podría ser más incorrecto. Dios está presente en todas partes, por toda su creación, y el Infierno es parte de lo que Él ha creado. El pecador perdido no será castigado en un reino del que Dios ha sido excluido, sino que "será atormentado con fuego y azufre delante de los santos ángeles y del Cordero" (Apocalipsis 14:10). Dios está presente en el Infierno.

¿Pero no es una contradicción? Ya hemos visto que el Infierno implica la separación de Dios. "Apartaos de mí" será la sentencia divina pronunciada sobre los condenados (Mateo 7:23). Se les ordenará que se aparten de Dios, que se alejen de Él a las tinieblas de afuera (cf. Mateo 8:12). ¿Cómo podemos, pues, hablar de la presencia de Dios en la morada de quienes han sido separados de Él?

La explicación es muy sencilla. La distancia geográfica tiene poco que ver con la cercanía o con la separación. Uno de mis mejores amigos vive en la costa oeste de América, a casi 11 266 km de mi casa. Rara vez podemos pasar tiempo juntos, en los últimos diez años quizá en tres o cuatro ocasiones. Sin embargo, aparte de mi familia, no hay nadie del que me sienta más cercano. Nos mantenemos en contacto, oramos el uno por el otro, en una crisis recurriríamos instintivamente el uno al otro. Siempre que nos reunimos, podemos retomar nuestra amistad sin que se haya perdido nada. A pesar de la distancia que hay entre nosotros, eso es verdadera intimidad.

Por otra parte, puedo recordar con suma claridad a un matrimonio al que mi mujer y yo aconsejamos hace unos años. Durante la tarde que estuvimos hablando en su casa, ellos estaban sentados uno junto al otro, separados por unos pocos centímetros; sin embargo, bien podía haber habido un continente entre ellos. Un matrimonio malogrado los había separado, y su tenso lenguaje corporal gritaba su alejamiento mutuo. Tan corroída se había vuelto su relación, que la sola presencia de uno era irritante para el otro. Odiaban estar juntos; la proximidad era una tortura. Pudimos sentir el alivio que habría cuando nos marcháramos y pudieran escapar de la compañía del otro. ¿Cercanos? No, trágica y dolorosamente distantes.

Esto es lo que significa estar separado de Dios. Pensar que todos vamos a pasar la eternidad en la presencia inmediata de Dios es asombroso. Pero, cuando pensamos en ello, esta es la realidad: Dios, que será el Cielo de una persona, será el Infierno de otra. Los condenados están separados de la gracia, del amor y de la misericordia de Dios. De hecho, es cierto que hay un gran abismo entre el Cielo y el Infierno. Sin embargo, Dios está cerca de quienes están en el Infierno, porque está presente allí con su ira. El Infierno es donde Dios derrama su ira sobre los condenados, no solo en el Juicio inicial, sino para siempre, de una forma personal y activa. Quienes están en el Infierno verán a Dios en su furia santa; estarán obligados a mirar a su Juez, incapaces de cerrar sus ojos. La visión de Él, insoportablemente dolorosa, será su condenación y su castigo.

Es tremendo pensar que los hombres y las mujeres inconversos odian a Dios en su bondad, porque "los designios de la carne son enemistad contra Dios" (Romanos 8:7), pero mucho más solemne es ser consciente de que el Señor mismo es el enemigo de los impíos. "Su alma [...] aborrece" a los malos (Salmo 11:5), esto es, los odia con todo su Ser. Y expresará ese odio con una fiereza espantosa. "Yo procederé con furor", dice de la idólatra Judá. "No perdonará mi ojo, ni tendré misericordia; y gritarán a mis oídos con gran voz, y no los oiré" (Ezequiel 8:18).

No se puede imaginar algo más terrible. De hecho, "¡Horrenda cosa es caer en manos del Dios vivo! Porque nuestro Dios es fuego consumidor" (Hebreos 10:31; 12:29). La esencia del fuego del Infierno es la ira de un Dios santo, la furia ardiente y justa del Señor. "Su ira se derrama como fuego" (Nahúm 1:6), una liberación poderosa de ira, desenfrenada e indescriptible. Los incrédulos ridiculizan la idea del fuego del Infierno. Les parece absurdamente melodramática y "que se pasa de lo razonable". Pero cambiarán de idea. En el Infierno ya no se reirán de las llamas literales. Las estarán deseando. "¡Si el castigo fuera aceite hirviendo o carbones abrasadores! —gritarán!—. ¡Si fuera tan soportable como eso!".

Vemos aquí el horror último del Infierno: ni la miseria absoluta, ni siquiera el dolor atroz, sino la presencia airada de Dios. El profeta formula una pregunta obsesiva e incontestable: "¿Quién de nosotros morará con el fuego consumidor? ¿Quién de nosotros habitará con las llamas eternas?" (Isaías 33:14). Y, sin embargo, aún hay otro elemento en el castigo del pecado.

Perspectiva aterradora

Porque hay una perspectiva aterradora: nunca tendrá fin. El fuego es eterno, el castigo es eterno, la perdición es una perdición eterna (cf. Mateo 18:8; 25:46; 2 Tesalonicenses 1:9). "El humo de su tormento sube por los siglos de los siglos" (Apocalipsis 14:11). "Serán atormentados día y noche por los siglos de los siglos" (Apocalipsis 20:10). El horror definitivo del Infierno es su perpetuidad.

No podemos asimilarlo. Es demasiado enorme. Así como no somos capaces de comprender lo que significa estar con Dios para siempre, tampoco podemos entender el tormento eterno. Los insomnes están familiarizados con el lento transcurrir del tiempo, como el progreso de un caracol, de una noche sin dormir. Intentas descansar, tumbado durante horas con los ojos cerrados, después miras el reloj y te das cuenta de que solo han transcurrido quince minutos. Te empiezas a preguntar si un eclipse solar ha hecho desaparecer el amanecer. Parece que no vaya a llegar nunca la mañana. Y cuando al insomnio se le añade el dolor, las horas de oscuridad parecen mucho más largas. ¿Cómo tiene que ser la eternidad en el Infierno?

Nadie ha descrito esta situación más extraordinariamente que Jonathan Edwards en, por ejemplo, su impactante sermón *The Eternity of Hell Torments* (La eternidad de los tormentos del Infierno). Al predicar este mensaje, algunos de sus oyentes despertaron al peligro que corrían y se acercaron a la fe salvadora. Escuchemos por un momento mientras su voz trasciende los siglos y predica de nuevo:

> Considera lo que es sufrir un tormento extremo para siempre; y sufrirlo día y noche, año tras año, siglo tras siglo, por miles y miles de siglos, y así añadiendo un siglo y otro, miles y miles, con dolor, gimiendo y lamentándote, quejándote y chillando, y crujiendo los dientes; toda tu alma estupefacta y afligida de una forma espantosa, tu cuerpo torturado de forma atroz, sin posibilidad alguna de tener descanso; sin posibilidad alguna de dar lástima a Dios por tus gritos; sin posibilidad alguna de esconderte de Él; sin posibilidad alguna de apartar tus pensamientos del dolor. Piensa en la terrible desesperación que habrá en semejante tormento; saber, con toda seguridad, que jamás, jamás te librarás de él; no tener esperanza: cuando desees poder convertirte en nada pero no tengas esperanza de que suceda... cuando te regocijaras, si tan solo pudieras tener un respiro, después de haber soportado estos tormentos durante millones de siglos, pero no tengas esperanza de que suceda. Después de que hayas agotado la época del Sol, la Luna y las estrellas... sin descanso ni de día ni de noche, y ni un minuto de alivio; sin embargo, no tendrás esperanza alguna de ser liberado alguna vez; después de que hayas consumido 1000 siglos más, no tendrás esperan-

za alguna… sino que aún habrá los mismos quejidos, los mismos chillidos, los mismos gritos lastimeros que tú mismo darás incesantemente, y el humo de tu tormento aún ascenderá por siempre y para siempre.

Cuanto más piensen los condenados en el Infierno en la eternidad de su tormento, más asombroso les parecerá; y ¡ay! no serán capaces de apartarlo de sus mentes. Sus torturas no los distraerán de ello, sino que fijarán su atención en ello. ¡Oh, cuán espantosa les parecerá la eternidad después de haber estado pensando en ella durante siglos juntos, y de que hayan experimentado durante tanto tiempo sus tormentos! Los condenados en el Infierno tendrán perpetuamente dos infinitos que los asombren y los consuman: uno es un Dios infinito, cuya ira soportarán y en quien verán su perfecto e irreconciliable enemigo. El otro es la duración infinita de su tormento[4].

A veces los incrédulos fanfarronean acerca de la forma en que podrán hacer frente al Infierno, si fuera necesario. John Stuart Mill dijo: "No llamaré bueno a ningún ser que no sea lo que quiero decir cuando aplico ese epíteto a mi prójimo; y si tal ser puede condenarme al Infierno por no llamarle así, al Infierno iré[5]". El reto de W.E. Henley se ha convertido en la canción lema del humanismo:

Mi cabeza es maldita, pero no se inclina…

No importa cuán estrecha sea la puerta,
cuán cargado de castigos esté el manuscrito.
Soy el señor de mi destino:
soy el capitán de mi alma[6].

Pero esto no son más que fanfarronadas fútiles. Dejemos que el pecador se detenga ante las puertas del Infierno, que reúna toda su fuerza y vigor y que se arme de resolución para soportar lo que le aguarda. En medio segundo su valentía se habrá deshecho y estará pidiendo clemencia.

Si no has confiado en Jesucristo, y si continúas rechazándolo, esto es lo que te pasará. "¡No puedo soportarlo!", gritarás. Pero tendrás que soportarlo, y por toda la eternidad. Seguirá y seguirá para siempre.

NO ESCUCHES AL DIABLO

El propósito de Satanás es conducirte amablemente al Infierno, y él es un maestro en las oscuras artes de la persuasión. Si tienes algún conocimiento bíblico, adoptará un enfoque teológico, incitándote a que esperes una experiencia tipo "camino de Damasco", algún cataclismo, la intervención irresistible de Dios. Veamos aquí al Satanás estudiante de la Biblia, persuadiéndote a que razones de esta manera: "Dios es soberano, ¿verdad? Tiene a sus elegidos, ninguno de los cuales se perderá. Y nadie puede creer a menos que Dios le dé la capacidad para hacerlo. Muy bien, entonces si yo soy uno de los elegidos, depende de Dios que descienda del Cielo, me detenga en mis caminos y me zarandee para que tenga fe. Cuando lo haga, creeré. Hasta ese momento especial, seguiré como estoy".

¿Recuerdas el hombre rico de la parábola que quería que sus hermanos incrédulos tuvieran un momento especial como ese? De hecho, pidió que se les enviara un mensajero del otro mundo. "Te ruego, pues, padre, que le envíes a la casa de mi padre, porque tengo cinco hermanos, para que les testifique, a fin de que no vengan ellos también a este lugar de tormento" (Lucas 16:27?28). ¡Qué sensacional reunión evangelística hubiera sido! Imagina qué impactante hubiera sido el folleto de invitación: "La semana que viene, en la Iglesia reformada en Betania: conferenciante especial, directo desde la eternidad. Una sola aparición. ¡No te pierdas a este visitante del mundo venidero!".

Pero Abraham no quiso tomarlo en serio y respondió moderadamente: "A Moisés y a los profetas tienen; óiganlos. [...]. Si no oyen a Moisés y a los profetas, tampoco se persuadirán aunque alguno se levantare de los muertos" (Lucas 16:29,31). Tu conversión no puede depender de intervenciones extraordinarias de parte de Dios. No las necesitas, porque Él ha dispuesto en la Biblia toda la información que precisas para la salvación. Si rehúsas creer lo que Él te dice, ningún alarde de sonidos ni luces cambiará tu destino.

Si aún eres joven y estás fuerte y sano, el diablo señalará lo absurdo que es preocuparse ahora por la muerte y el Juicio. ¡Venga, tienes muchos años por delante! Ya habrá tiempo suficiente cuando te hagas viejo. ¿Pero cómo sabes que vivirás para llegar a la vejez? El Señor Jesús habló de un hombre que estaba convencido de que tenía "muchos años" y que dijo a su alma: "Repósate, come, bebe, regocíjate. Pero Dios le dijo: Necio, esta noche vienen a pedirme tu alma" (Lucas 12:19,20). En la memorable descripción de Jonathan Edwards, los malos son como personas que caminan sobre un pozo cubierto por una tela raída que, en muchos lugares, es demasiado fina para aguantar su peso. Ellos, sin embargo, no saben dónde están esos lugares más débiles y cada paso está lleno de peligro. En cualquier momento tus pies pueden resbalar sobre el tejido del tiempo y puedes caer en el mundo venidero. Aun ahora Dios te está manteniendo con vida y, si eres inconverso, Él está tan enojado contigo como lo está con muchos que ya están en el Infierno. Esta noche te acostarás en las manos de un Dios airado. ¿Qué razón tienes para pensar que te despertarás? Y si no lo haces, ¿dónde estarás?

Quizá tengas miedo de que se rían de ti. Sabes que tienes que hacer las paces con Dios, ¿pero y tus amigos? Ellos son inteligentes, sofisticados, poco serios. Has oído sus pullas contra la religión y, posiblemente, te hayas unido a ellas. ¿Qué dirían si te conviertes en cristiano? Ya puedes oír las ocurrencias, ya puedes ver sus expresiones de compasivo desprecio. ¿Pero permitirás que otras personas te envíen al Infierno? ¿Dejarás que sus risas te aparten de la salvación? ¡Qué horrible parodia de la amistad! ¿Cuántos "amigos" se maldecirán el uno al otro en el mundo venidero? "Cristo se acercó a mí —gruñirán— pero yo estaba pensando demasiado en tu buena opinión. Me has arruinado. Yo estoy aquí, en parte, por tu culpa". Y se odiarán el uno al otro para toda la eternidad. La condenación es un precio demasiado alto a pagar por la amistad.

O quizá, sencillamente, estés enamorado de los placeres de este mundo de pecado y no estés dispuesto a abandonarlos. Hay una ironía terrible en las palabras que Abraham dirige al hombre rico que está en el Infierno: "Hijo, acuérdate que recibiste tus bienes en tu vida" (Lucas 16:25). "Tus bienes". ¡Cómo debe de haber rechinado angustiosamente la frase en el alma de aquel ser condenado y atormentado! "¡Mis bienes! Sí, creía que eran bienes. Me entregué a ellos, al dinero, a la lujuria y al egocentrismo. Los valoré por encima de todas las cosas y por ellos vendí mi alma inmortal. ¿Pero qué pienso de estos "bienes" ahora?".

En el Infierno habrá personas que acuden a la iglesia. En el día del Juicio, algunos predicadores, evangelistas y líderes se presentarán ante Cristo con sonrisas expectantes en sus caras, esperando recibir su "Bien hecho". Pero, para su asombro y horror, Él dirá: "Nunca os conocí; apartaos de mí". Ellos quizá protesten: "Señor, Señor, ¿no profetizamos en tu nombre, y en tu nombre echamos fuera demonios, y en tu nombre hicimos muchos milagros? (Mateo 7:22-23). Seguro que no vamos al Infierno". Pero irán, porque jamás nacieron de nuevo, nunca fueron personas nuevas. Su fe era superficial e irreal.

Quizá, aun ahora, no creas. No vas a permitir que un predicador te asuste con un miedo primitivo así. No aceptas —y no aceptarás— que el Infierno exista, ni que, si existe, vayas a ir allí. Sin duda, esa es la opinión de la mayoría. En un reciente sondeo Gallup efectuado en los Estados Unidos, no más de un cuatro por ciento de los encuestados creía que podía acabar en el Infierno. Muchas almas perdidas pensaron una vez lo mismo. No creían en el Infierno. Ahora creen, porque es allí donde se encuentran, pero para ellos es demasiado tarde. Para ti no lo es; aún. Dios te está dando una oportunidad de escapar clamando a su Hijo para que sea tu Salvador.

¿Qué más puedo decir? Has visto, por medio de la Palabra de Dios, un poco de cómo será el Infierno. No puedo creer que quieras ir allá. Pero si no clamas a Cristo para que te salve, ese es el destino que tú mismo estás eligiendo. ¿De verdad te has decidido por esa ruina?

Y lo más estúpido de todo es que tu condenación eterna es innecesaria. Porque el Señor Jesucristo está rogando por ti en este mismo momento. Mientras lees estas palabras, Él te está llamando hacia sí, instándote a que te vuelvas del pecado que solo conduce a la destrucción. Él es infinitamente misericordioso y bueno. Si le pides que sea tu Salvador, Él te recibirá y te perdonará; te limpiará y te pondrá a salvo para siempre, serás santo y feliz, y anhelarás una eternidad de gozo y gloria en el

Cielo. "Si oyereis hoy su voz, no endurezcáis vuestros corazones" (Hebreos 4:7).

NOTAS

[1] Citas de Blanchard: *¿Qué ha pasado con el Infierno?*, p. 163.

[2] *Institución de la religión cristiana,* III. xxv. 12.

[3] *"A Treatise of the Soul of Man"* ("Un tratado del alma del hombre"), *Works* (Obras), Vol. 3, pp. 137-8 (Londres: Banner of Truth, reimpresión 1968).

[4] *Works* (Obras), Vol. 2, p. 88 (Edimburgo: Banner of Truth 1843 reimpresión 1974).

[5] Citado en Paul Helm: *The Last Things* (Las últimas cosas), p. 122 (Edimburgo: Banner of Truth 1989).

[6] Del poema de Henley "Invictus" (Invicto)

4
El Infierno y el creyente

AL IGUAL QUE EL INICIO DE UN INCENDIO en un edificio es más importante para quienes están atrapados dentro que para quienes están fuera, para los incrédulos la realidad del Infierno también debería ser una cuestión primordial, ya que, si aún no te has arrepentido de tus pecados ni te has vuelto en fe al Señor Jesús, el Infierno sigue siendo tu destino. A menos que clames a Cristo para que te salve, experimentarás sus tormentos por ti mismo. La manera de escapar de la condenación debería ser tu prioridad número uno.

Pero esto no quiere decir que los creyentes puedan olvidarse del Infierno. Es cierto que hemos sido liberados de la condenación por medio de la fe en el Salvador. Quienes confían en Él "no se [perderán], mas [tendrán] vida eterna" (Juan 3:16). Pero la doctrina del Infierno, revelada en la Palabra de Dios, está pensada para sernos de provecho permanentemente, está concebida para propiciar nuestro crecimiento como cristianos. La solemne realidad de la existencia del Infierno no puede dejar de ejercer en nosotros una profunda influencia. Sencillamente, no hay motivos para pensar que, una vez que hemos sido salvos, podamos dejar a un lado cualquier pensamiento acerca del castigo eterno como si ya no tuviera importancia. En vez de eso, deberíamos pedir al Espíritu Santo que continuara inculcando el Infierno en lo profundo de nuestras conciencias redimidas. Es fundamental que lo sigamos teniendo presente.

Recuerdo lo poco dispuesto que estaba a hablar en una conferencia de este aspecto de la enseñanza de la Biblia cuando me lo pidieron por primera vez, y lo despreciable que me hicieron sentir mis estudios al principio. ¿Quién puede pensar en la condenación de millones de personas sin entristecerse? Sin embargo, conforme perseveraba, mis sentimientos empezaron a cambiar. Por supuesto, la aflicción estaba aún ahí, pero mezclada cada vez más con temor reverente y agradecimiento. Ahora me alegro de haber aprendido un poco más acerca del Infierno. Espero que me haya hecho cambiar para mejor y oro por que así sea.

Esta doctrina nos debería afectar en muchos sentidos, pero nos centraremos, brevemente, en seis.

Hacer morir el pecado

En primer lugar, debería producir en nosotros el compromiso diario de hacer morir el pecado. Nuestro Señor mismo hace esta estimulante petición cuando les dice a los discípulos: "Si tu ojo derecho te es ocasión de caer, sácalo, y échalo de ti [...]. Y si tu mano derecha te es ocasión de caer, córtala, y échala de ti; pues mejor te es que se pierda uno de tus miembros, y no que todo tu cuerpo sea echado al infierno" (Mateo 5:29?30). Jesús está aludiendo a la doctrina del Infierno y haciendo que estuviera presente en las conciencias de sus seguidores. Les está diciendo, con otras palabras, que ocuparse radicalmente del pecado personal es la única alternativa a la condenación eterna. "Amputa tu pecado —dice—; sácalo, tíralo. Si no lo haces, te verás en el Infierno".

Quizá parezca extraño que Cristo haga esa afirmación. ¿No somos salvos por la fe en Él? El ladrón moribundo apenas tuvo tiempo de sacarse el ojo derecho o cortarse la mano derecha; sin embargo, Jesús le aseguró: "Hoy estarás conmigo en el paraíso" (Lucas 23:43). Cuando nos acercamos confiadamente al Salvador, ¿no somos libres de la condenación de una vez y para siempre? ¿No son los creyentes "guardados por el poder de Dios mediante la fe, para alcanzar la salvación" "para una herencia [...] reservada en los cielos" (1 Pedro 1:4,5)? ¿No es cierto que ninguno de los suyos se perderá (cf. Juan 17:12)?

¿Dónde encaja esta amputación? ¿Cómo es que "[ser] echado al infierno" es una posibilidad para quienes, una vez convertidos, están seguros para siempre?

Seguros una vez convertidos, sí. ¿Pero se han convertido? ¿Es genuina su fe? Solo el tiempo lo dirá. Creer en Jesús efectivamente nos libra del Infierno, pero es difícil, en las primeras etapas, distinguir la fe verdadera de la falsa. La fe salvadora es el comienzo de una continua relación de confianza. Los "creyentes" son hombres y mujeres que se caracterizan por ejercitar a diario el creer. Quienes han creído, siguen creyendo. Dependen de Cristo hoy y dependerán de Él mañana, exactamente de la misma forma en que lo hicieron cuando fueron salvos por primera vez. Continúan reconociendo su indefensión, asumiendo su pecado y volviéndose de él, volviéndose a Cristo de nuevo en busca de misericordia. La fe superficial, por el contrario, es una llama inicial de entusiasmo que pronto vacila y muere. La perseverancia es la prueba más segura de la realidad y de la vida espiritual.

Y a esto se refiere Jesús cuando compara el Infierno con la amputación radical del pecado, porque está indicando que dejar de ocuparnos de nuestros pecados de esta manera es demostrar que jamás nos hemos convertido en realidad. Si quieres asegurarte de que Dios te ha salvado del Infierno, entonces disponte a matar tus pecados. Ten la mira puesta en una vida de consciente y escrupulosa obediencia. Determina en tu corazón volverte de la maldad, luchar contra la tentación. Lee la Biblia, busca a Dios en oración, escucha la predicación de la Palabra, cultiva la comunión cristiana. Evita todo lo que te aparte de Dios. Haz de esto tu compromiso decidido y permanente, y pídele al Señor que te ayude. Suplícale: "Aparta mis ojos, que no vean la vanidad; avívame en tu camino" (Salmo 119:37). A medida que, día tras día, perseveres por la gracia de Dios, en tu corazón se hará más profunda la convicción de que Cristo es, de verdad, tu Salvador.

Nuestro Señor nos está diciendo que nunca debemos tratar el Infierno de irrelevante. La perseverancia de los santos significa perseverar en el arrepentimiento, perseverar en el creer, perseverar en la obediencia. No importa cuánto tiempo hayas sido un cristiano profesante, la prueba de que no vas a ir al Infierno es la forma en que te ocupas del pecado personal. En palabras de Pablo: "Si por el Espíritu hacéis morir las obras de la carne, viviréis" (Romanos 8:13). John Owen explica este proceso de dar muerte al pecado y escribe: "Haz de ello tu tarea diaria; estate siempre en ello mientras vivas; no dejes esta tarea ni un solo día; mata el pecado o él te matará a ti[1]". Matar el pecado es una marca de nacimiento del cristiano.

Es una motivación convincente, ¿verdad? Siempre que seas tentado, cuando el pecado parezca tan irresistiblemente atractivo y el precio de la obediencia tan desagradablemente alto, reflexiona en Mateo 5:29,30. Recuérdate a ti mismo: "Si sigo adelante y cometo este pecado, en realidad le estoy diciendo al Señor que quiero ir al Infierno". ¿Cuántas veces le dirá eso al Señor un verdadero creyente? Si pensar en el Infierno no hace que dejes de pecar, necesitas hacerte algunas preguntas básicas acerca de tu situación espiritual.

Contentamiento

En segundo lugar, la doctrina del Infierno debería producir en nosotros un espíritu de continuo contentamiento, independientemente de cuáles puedan ser nuestras circunstancias. Pablo, al estar en prisión y escribir a sus amigos, que estaban preocupados por su bienestar, podía atestiguar que: "He aprendido a contentarme, cualquiera que sea mi situación" (Filipenses 4:11). Era una lección difícil de asimilar pero, aunque le había llevado tiempo, finalmente podía decirlo sin afectación ni orgullo: "He aprendido a contentarme [...] así para estar saciado como para tener hambre, así para tener abundancia como para padecer necesidad" (Filipenses 4:11?12). ¿Puedes decir que has aprendido a contentarte?

Muchos cristianos no han aprendido. Un pastor puritano, Jeremiah Burroughs, comenta que "ser experto en el misterio del contentamiento cristiano es el deber, la gloria y la excelencia de un cristiano". Quizá el deber, la gloria y la excelencia; sin embargo, Burroughs, curiosamente, tituló su libro *The Rare Jewel of Christian Contentment*[2] (La extraña joya del contentamiento cristiano). Las joyas son una cosa poco habitual, no se encuentran en cualquier sitio y el contentamiento es una rara virtud y una señal de gracia poco frecuente.

Es fácil, por supuesto, estar contentos cuando tenemos salud, felicidad y prosperidad, sin nube alguna en el horizonte de la vida. Pero cuando los tiempos son difíciles, cuando estamos desilusionados con nosotros mismos y con los demás, cuando nos topamos con lo que se solían llamar las "providencias severas" de Dios, entonces el contentamiento es más esquivo. La sociedad en que vivimos no lo alienta. Las economías capitalistas se mantienen boyantes creando un falso descontento. La publicidad está concebida para hacernos sentir insatisfechos con nuestro auto, nuestros electrodomésticos, nuestro aspecto, con todo. Los gobiernos describen a sus ciudadanos —con una precisión humillante— como "consumidores". ¡Qué frase tan enriquecedora! Los cerdos en un pesebre son consumidores y eso es, con demasiada frecuencia, lo que parece que somos. Es difícil tener contentamiento en una atmósfera de codiciosa envidia.

El diablo se deleita en el descontento porque es pecado, uno de los pecados principales. Nunca tuvo un carácter más irracional que cuando lo cometieron Adán y Eva. Dios los había rodeado de abundancia y belleza en el huerto de Edén. Cualquier cosa que pudieran necesitar la tenían al alcance de la mano, pero quisieron más y cayeron en la perdición. Fue —dice Pablo— el epítome del pecado, cuando las criaturas de Dios "no le glorificaron como a Dios, ni le dieron gracias" (Romanos 1:21). La insatisfacción de los israelitas en el desierto, cuando protestaron por el maná y desearon volver a Egipto, disgustó a Dios y le llevó a preguntar: "¿Hasta cuándo oiré esta depravada multitud que murmura contra mí?" (Números 14:27). El descontento no es solo una ofensa al Señor, sino que también nos priva de la felicidad y la paz en nuestra mente. Resulta ser, además, una piedra de tropiezo para la fe. ¿Quién de los cristianos gruñones será llevado ante el Salvador? El contentamiento es una lección que, como Pablo, necesitamos aprender.

Hay muchas cosas que deberían hacer que tuviéramos contentamiento. La soberanía de Dios, por ejemplo, la forma en que ordena todas las cosas para nuestro bien de una manera sabia y misericordiosa. Las bendiciones de Dios deberían darnos contentamiento. Deberíamos estar contentos por sus grandes y preciosas promesas, tanto para esta vida como para la venidera; pero también deberíamos estar contentos, sencillamente, porque no vamos a ir al Infierno. John Wesley escribió una vez en su diario: "Sobre las once en punto me vino a la mente que este fue precisamente el día en que, hace cuarenta años, me sacaron de las llamas. La voz de alabanza y acción de gracias ascendió y nuestro regocijo fue grande delante del Señor". El recuerdo de haber sido librado del Infierno hizo feliz a Wesley.

Una de las mejores curas para la autocompasión es pensar en alguien que esté mucho peor que nosotros. Hace un tiempo, durante un período de una enfermedad de poca importancia, cuando tendía a sentir un poco de pena por mí mismo, a veces miraba desde mi púlpito, la mañana del día de reposo, a un miembro de mi congregación. Era una cristiana clemente, relegada a una silla de ruedas por una enfermedad que la conducía a la parálisis. Su rostro estaba sereno, perseverante en el sufrimiento, y mi autocompasión se derritió en la calidez de su coraje.

Pero todos estamos en esa situación, puesto que estamos rodeados de multitudes que están infinitamente, eternamente peor de lo que nosotros estamos; millones de personas que van camino del Infierno. Nosotros, gracias a Dios, no estamos destinados a la condenación ¡y aún nos atrevemos a quejarnos! La siguiente vez que pienses que la vida te está tratando muy duramente y que Dios podía haber preparado tus circunstancias con más amor, echa un vistazo al pozo del Infierno y recuerda: "Yo iba a ir allí, pero ahora no. En vez de eso, voy camino al Cielo, porque Dios me ha salvado. ¿Qué son todas las desilusiones, aflicciones y tristezas de esta vida? No son nada comparadas con lo que merezco, nada comparadas con lo que heredaré". Esto es lo que hizo el Salmista: "Te alabaré, oh Jehová Dios mío, con todo mi corazón, y glorificaré tu nombre para siempre. Porque tu misericordia es grande para conmigo, y has librado mi alma de las profundidades del Seol" (Salmo 86:12?13).

La doctrina del Infierno debería hacer que los creyentes estuvieran sumamente contentos, agradecidos a Dios en cada circunstancia de la vida.

Seriedad

En tercer lugar, la realidad del Infierno debería reflejarse en una seriedad generalizada en nuestro pensamiento y comportamiento.

Al parecer, para algunos evangélicos de hoy en día, el error cardinal es el pesimismo y su temor más grande es parecer pesimista. El distintivo predominante de gran parte de la publicidad de la Iglesia es que el cristianismo es muy divertido. En muchas iglesias, la atmósfera que prevalece es de una jovialidad obligatoria, frenética más bien. Quienquiera que presida las reuniones tendrá un esmerado sentido del humor, demostrando ser un experto en "preparar" a la audiencia (no ya una congregación). Los testimonios cristianos son incansablemente optimistas y están interrumpidos por carcajadas. Quienes nos dan la bienvenida en la puerta siguen sonriendo tan abiertamente que estamos tentados a concluir que acaban de ponerse fundas en los dientes o que están practicando ventriloquia. (¿Una sonrisa permanente se considera, por lo general, una señal de cordura?). Pero tal cosa, parecen creer, es una parte esencial del testimonio cristiano.

Sin embargo, al Señor Jesucristo no se le describe en los Evangelios como una figura jovial y risueña. Él mismo dijo: "Bienaventurados los que lloran" (Mateo 5:4). Isaías lo describe como un "varón de dolores, experimentado en quebranto" (Isaías 53:3). ¿Deberíamos, pues, imitar a nuestros contemporáneos o a nuestro Maestro? ¿Deberíamos ser más serios que joviales?

Debemos serlo, mientras haya un Infierno en espera de nuevos inquilinos. ¿Cómo podemos ir por la vida riéndonos con una risa tonta, mientras millones de personas a nuestro alrededor van camino de la condenación? Si estuviera haciendo estragos una plaga, con cadáveres por todos lados, ¿qué pensarías de las personas que sortearan alegremente los cuerpos, riéndose porque han encontrado una cura para sí mismos? El Salmista se afligía por el pecado que lo rodeaba, al declarar a Dios que:

"Ríos de agua descendieron de mis ojos, porque no guardaban tu ley" (Salmo 119:136).

Esto no quiere decir que los creyentes tengan que ser hoscos. Nosotros experimentamos un gozo inefable y glorioso (cf. 1 Pedro 1:8). Nos regocijamos aún más. Nos divertimos, reímos, jugamos, disfrutamos al máximo las buenas dádivas de Dios. Pero hay una diferencia entre felicidad y frivolidad. La conciencia del Infierno debería producir en nosotros una seriedad subyacente, una gravedad, un realismo en medio de los perdidos y de los que están muriendo.

Por este motivo, en particular, estamos tratando con verdades tan aterradoras como la muerte, el Juicio y la condenación eterna. Hay un lugar para el humor, pero no es este. Aquí, más que en ningún otro lugar, el bufón cristiano es una abominación, y, sin embargo, estas realidades se tratan chistosamente y algunas veces lo hacen personas sorprendentes. Un pastor famoso, a quien hace poco le preguntaron si todas las personas en su iglesia eran convertidas, replicó sonriendo: "Bueno, verdaderamente no me gustaría que me esposaran a algunos miembros de mi iglesia cuando mueran". Sus oyentes estallaron en carcajadas. ¿Pero es eso divertido? ¿Harías ese comentario acerca de un amigo íntimo o de alguno de tus hijos que sea inconverso? ¿No hay una falta de sensibilidad pasmosa en cualquier comunidad cristiana que pueda reírse del Infierno?

Nuestras imperfecciones y manías pueden ser divertidas. La vida tiene un lado divertido y, con frecuencia, los seres humanos son motivo de risa, no menos el escritor de estas páginas. Pero el pecado y sus resultados nunca son divertidos. J.P. Struthers, un queridísimo pastor escocés de principios del siglo pasado, estaba paseando una tarde por las calles de Greenock, el pueblo en que vivía y ministraba. A lo lejos, un hombre bebido estaba tambaleándose en círculos, gritando y cantando, poniéndose en ridículo, y estaba rodeado de un grupo de vecinos que se reían. Al acercarse, Struthers vio a varios de sus propios miembros entre la multitud. Silenciosamente, el ministro se puso en medio de ellos, miró alrededor y dijo: "Porque por ahí andan muchos, de los cuales os dije muchas veces, y aun ahora lo digo llorando [—llorando—], que son enemigos de la cruz de Cristo" (Filipenses 3:18). Avergonzada y en silencio, la gente se marchó.

Los inconversos quizá nos llamen pesimistas. Quizá consideren que nuestras reuniones están pasadas de moda y son aburridas, sin la chispa de los distinguidos comediantes eclesiásticos. Consideran que son inaguantables; pero cuando tengan problemas, cuando estén en una verdadera crisis, ¿se volverán a los payasos? ¿Buscarán a alguien que les cuente historietas y que les haga reír? Una y otra vez vemos que las personas que tienen necesidad se acercan instintivamente a quienes son serios, a los que van en serio, a los que tienen contacto con la vida real. Perciben a una persona de toda confianza, perciben una capacidad para ayudar a un nivel profundo. A la larga, el bufón tiene menos impacto que el hombre o la mujer con lágrimas de compasión. Quienes una vez se burlaron de nosotros quizá lleguen a descubrir que "mejor es oír la reprensión del sabio que la canción de los necios" (Eclesiastés 7:5).

Seamos serios, estemos atentos, pues vivimos en un mundo donde muchos de nuestros semejantes se están perdiendo.

VALORAR A CRISTO

En cuarto lugar, la doctrina del Infierno nos debería llevar a valorar, más de lo que lo hacemos, el amor y los méritos del Señor Jesucristo. Pedro dice que, aunque no lo hayamos visto, lo amamos (cf. 1 Pedro 1:8). Eso es cierto, y deseamos amarlo más profundamente. ¿Cómo podemos hacerlo? Reconociendo un principio que Él mismo declaró: "A quien se le perdona poco, poco ama" (Lucas 7:47), lo que implica que a quien se le perdona mucho, mucho ama.

¿Cuánto se nos ha perdonado? ¿De cuánto hemos sido librados? ¿Cuál fue el precio de nuestra salvación? Sabemos que Cristo vino a la Tierra por nosotros y que vivió, sufrió y murió en favor nuestro. Todo esto es maravilloso, sobrepasa cualquier comparación, pero hasta que no echamos un vistazo al Infierno no apreciamos verdaderamente el amor de nuestro Salvador.

Hemos tratado de imaginar, de una manera limitada e inadecuada, cómo debe de ser el Infierno y hemos descubierto que la perspectiva es espantosa; pero el Señor Jesús no necesita utilizar su imaginación, porque lo experimentó por sí mismo. Él sabe lo que significa estar separado de Dios. Soportó dolores atroces, bebió hasta los posos de la copa de la ira divina. El Señor cargó sobre Él la iniquidad de todos nosotros. Dios no escatimó ni a su propio Hijo, sino que hizo caer sobre Él toda la furia del Juicio santo. Cristo aceptó mi condenación, sufrió mi Infierno. Tomó ese horror sobre sí porque me amó. ¿No debería yo amarlo?

Más aún, el Infierno nos da una nueva percepción del valor de la muerte de Cristo. Hemos vislumbrado parte de lo terrible que será el castigo para cada pecador condenado. Una eternidad en el Infierno no empezará a agotar el enojo de Dios; antes bien, es el merecido castigo. Pecar contra un Dios infinito demanda una pena infinita y eterna. Pero la muerte del Señor Jesucristo fue suficiente para expiar por completo todos los pecados de su pueblo. En el monte Calvario efectuó el pago completo por la culpa de los elegidos. ¡Cuán infinitamente digna debe de ser esa muerte! Apenas podemos siquiera empezar a imaginárnoslo. Qué ser tan grandioso debe de ser, cuán inconcebiblemente precioso su sacrificio, que pudo poner fin a sus sufrimientos con el grito triunfante: "Consumado es" (Juan 19:30). Su sangre puede limpiarnos de todo pecado. Dios el Padre se manifiesta, Él mismo, satisfecho de la expiación hecha aquella tarde por una carga de maldad tan grande. ¡Esto es estupendo! Bien pudo decir Pablo: "Lejos esté de mí gloriarme, sino en la cruz de nuestro Señor Jesucristo" (Gálatas 6:14).

El Infierno nos hace postrarnos de rodillas, nos mueve hacia el asombro y la gratitud. El Infierno nos inspira una nueva adoración a Aquel que nos amó y se dio a sí mismo por nosotros. Su muerte destruyó y abolió el Infierno para nosotros. Eso es lo que Él vale, eso es quien es Él.

Cuando creemos en Jesús, nos unimos a un ser de un poder, una gloria y una gracia inimaginables. Confiar en Cristo no es cosa de poco. No es una cuestión trivial cuando nos invita: "Venid a mí" (Mateo 11:28). Él es el Dios infinito, cuyo amor llena y excede nuestra comprensión. Este poderoso Salvador, en su majestad y bondad, nos llama a la salvación que Él ha provisto para nosotros al precio de su propia muerte angustiosa. Si no nos hace amar más intensamente al Señor, que nos salva del Infierno al experimentarlo por sí mismo, entonces hemos estudiado este tema en vano.

Celo por la evangelización

Uno de los resultados más evidentes de meditar en el Infierno debería ser un celo renovado por la evangelización. El contenido mismo de la doctrina lo requiere. Las personas que están a nuestro alrededor se dirigen hacia este lugar terrible, y solo el Evangelio les señalará el camino de la salvación. Se nos ha confiado ese mensaje, y nosotros mismos nos hemos librado del Infierno únicamente porque alguien nos lo comunicó. Nuestra responsabilidad es inmensa e ineludible. Le debemos a nuestro prójimo el hablarle del Salvador. La evangelización es un deber principal del cristiano, y tenemos motivos para darle gracias a Dios por los innumerables esfuerzos que se están haciendo por todo el mundo para llevar a las personas a Cristo.

¿Pero cómo nos valoramos a nosotros mismos? ¿Somos tan fieles como debiéramos en comunicar el Evangelio? ¿O es esta, como la oración, una cuestión por la que sentimos la punzada de una conciencia intranquila? Robert L. Dabney tiene un interesante comentario en su debate sobre la herejía del universalismo: la creencia de que al final todos seremos salvos. Porque afirma que, además de los argumentos filosóficos y teológicos, "el principal argumento práctico a favor del universalismo es, sin duda, la crueldad pecaminosa de los cristianos hacia el tremendo destino de sus semejantes pecadores. ¿Podemos contemplar cómo nuestros amigos, vecinos y niños están expuestos a un destino tan terrible y tener tan poca sensibilidad y esforzarnos tan poco y tan débilmente por su liberación? ¿Cómo pueden nuestros amigos incrédulos dar crédito a la sinceridad de nuestras convicciones? Tenemos aquí el mejor argumento de Satanás para su escepticismo[3]".

La afirmación de Dabney es tanto aguda como preocupante. Si no evangelizamos, en realidad estamos diciendo que realmente no creemos en el Infierno. Si quisiéramos decir lo que declaramos creer, con toda seguridad haríamos más por la salvación de los perdidos. Pasa luego a decir que "la mejor forma de refutar esta herejía es que el pueblo de Dios haga gala de un celo santo, tierno, humilde pero ardiente para arrancar a los hombres de las llamas como si fueran tizones[4]".

¿Cuántos de nosotros testificábamos con más fervor en los días en que éramos cristianos jóvenes? En el amanecer de nuestro nuevo compromiso, teníamos una especie de sencillez inocente. Anhelábamos la salvación de nuestros amigos; esperábamos que se acercaran a la fe; dedicábamos una parte fundamental de nuestros devocionales diarios a orar para que tuviéramos ocasiones de hablar de Cristo. Ahora sabemos más cosas, por supuesto, o eso es lo que creemos. Quizá aquel entusiasmo lejano parezca superficial, aun embarazoso. Pero quizá debiéramos estar más avergonzados de nuestro presente que de nuestro pasado. Nuestro celo se ha ido enfriando y hemos abandonado nuestro primer amor.

El diablo es suficientemente inteligente como para convertir nuestras fortalezas en debilidades. Los cristianos saludables aman la Palabra de Dios. Explorar en la Escritura la revelación profunda de su sabiduría y su gracia, ya sea de manera individual o conjuntamente, es un puro deleite para nosotros. Sentimos que solo acabamos de empezar a examinar este tesoro, que aún estamos en la periferia de lo que el Señor nos ha relatado. Tenemos, en nuestro mejor momento, un anhelo apasionado por aprender cada vez más de su Verdad, anhelo que ha puesto Dios; pero el peligro es que el estudio nos absorba tanto que nos olvidemos de las multitudes perdidas y que están muriendo a nuestro alrededor.

Como cristianos, tenemos muchas responsabilidades. Algunas de nuestras iglesias necesitan ser reestructuradas según parámetros más bíblicos. El pueblo de Dios necesita formación y alimento. Hay muchas áreas de la sociedad que reclaman la intervención cristiana. Pero descuidar la evangelización es un fracaso a gran escala.

Y es precisamente en esta área donde otros creyentes nos pueden desafiar con su celo arrollador, su pasión por los perdidos, su compromiso en la oración y en una actividad audaz e imaginativa. Quizá su Teología sea deficiente, su evangelización desequilibrada, su metodología sospechosa y no se pueda defender ninguna de estas cosas, pero su entusiasmo es encomiable y su celo supone una reprimenda y un estímulo para nosotros. Dios que, como les gustaba decir a los puritanos, "puede dibujar una línea recta con una vara torcida", bendice a sus testigos creyentes y compasivos y los utiliza para llevar a muchos a la fe.

No estoy a favor de un activismo irreflexivo, ni del descuido o la superficialidad. ¿Pero estamos en situación de criticar a quienes están haciendo, de manera imperfecta, lo que quizá nosotros no estemos haciendo en absoluto? ¿Dónde está nuestro celo? ¿Dónde está nuestro compromiso explosivo, que nos hace salir "por las plazas y las calles de la ciudad" en busca de "los pobres, los mancos, los cojos y los ciegos", salir "por los caminos y por los vallados" para "[forzarlos] a entrar" (Lucas 14:21,23)? Quizá la voz de Dios debería reprender a quienes gustan de criticar desde la barrera: "¡Hipócrita! ¿Por qué miras la paja en el ojo ajeno y no ves la viga en el tuyo? (cf. Mateo 7:3) Hace seis meses que no hablas a otro ser humano de tu fe en Cristo, ¿y aún te atreves a culpar a aquel hermano o hermana que —en tu opinión— lo está haciendo de manera inapropiada?".

La doctrina del Infierno debería motivarnos a hablar claro. Necesitamos arrepentirnos de nuestra apatía y dureza de corazón. Deberíamos echar un vistazo al Infierno hasta que casi podamos sentir el dolor que aguarda a los inconversos. John Blanchard cuenta una ocasión en que Francis Schaeffer estaba visiblemente conmovido al pensar en el Infierno. Estaba exponiendo la Escritura a un grupo de jóvenes en su casa en Suiza. Inteligentes y curiosos, admiraban la inigualable capacidad de su profesor para relacionar la Palabra de Dios con la cultura contemporánea. Abordaron varias cuestiones hasta que, finalmente, un joven preguntó: "Dr. Schaeffer, ¿y qué de quienes no han oído nunca el Evangelio?". Aguardaron expectantes la aguda y brillante respuesta, pero Schaeffer no habló. En vez de eso, inclinó su cabeza y lloró[5].

Hudson Taylor, el gran líder misionero de finales del siglo XIX, hizo la misma puntualización pero de manera diferente. Hablando mientras estaba en un viaje de representación ante un gran número de oyentes, contó de un hombre que cayó a un río en China. Mientras se debatía en el agua, los que estaban en la orilla simplemente permanecían en pie, mirando. Nadie se movió para ayudarle y el pobre hombre se ahogó. Los que estaban escuchando a Taylor dieron un grito ahogado de horror ante semejante indiferencia, pero él estaba preparado para lanzar su desafío. "Hombres y mujeres de Inglaterra, millones de personas se están perdiendo en este momento. ¿Qué estáis haciendo para rescatarlos?".

¿Hay alguien a quien deberías hablar: un vecino, un compañero, un miembro de tu familia? Cada uno de nosotros debería tener una carga especial de preocupación por, al menos, una persona y debería estar decidido a hacer todo lo que pueda por su salvación. Deberíamos amarlos, cultivar su amistad, orar por ellos cada día, hablar de nuestro Salvador siempre que surja una oportunidad, invitarlos a oír la predicación de la Palabra. Si no has estado haciendo eso recientemente, ¿empezarás ahora? ¿Por quién orarás antes de irte a dormir esta noche?

Aceptación humilde de los propósitos soberanos de Dios

El Infierno debería hacer, por último, que aceptáramos humildemente los propósitos soberanos de Dios, tanto en relación con nuestra responsabilidad presente como con la existencia del Infierno mismo.

Si no estamos profundamente preocupados por los inconversos, algo realmente serio nos pasa. Pablo escribió: "Tengo gran tristeza y continuo dolor en mi corazón [...] por [...] mis hermanos [...] según la carne" (Romanos 9:2?3). Tenía carga por sus compañeros judíos, y la perspectiva de su condenación le causaba una profunda angustia. Nosotros deberíamos experimentar una aflicción parecida. Deberíamos conmovernos por los perdidos, comprometernos vehementemente a extender el Evangelio por todos los medios que estén en nuestra mano. No deberíamos permitir que nada, como hemos visto, embotara ese sentido de la responsabilidad.

¿Pero nuestro deber de evangelizar deja a un lado todo lo demás? ¿Tenemos motivos para concluir que, en vista de la existencia del Infierno, deberíamos abandonar el resto de actividades y entregarnos por completo a la evangelización? ¿Estaríamos en lo cierto al suponer que la única ocupación que merece la pena para los creyentes es la proclamación del Evangelio a quienes están camino del Juicio?

No, si entendemos la enseñanza equilibrada de la Escritura. Dios llama a unas pocas personas de su pueblo para que se centren en tal ministerio. La vida cotidiana en la Tierra tiene que continuar. Los humanos tienen que sembrar y cosechar, casarse y reproducirse, ejercer dominio sobre la creación en sus diferentes llamados. Su voluntad para ti es que vivas tu fe en la situación en que te ha puesto; quizá alimentando a una familia, haciendo tus tareas diarias piadosamente, utilizando tus dones para servir en la iglesia y la comunidad.

Aunque real, nuestra responsabilidad por otras personas es limitada. En última instancia, si las personas van al Infierno, no pueden culpar a nadie sino a sí mismos, pues Dios dice: "El alma que pecare, esa morirá; el hijo no llevará el pecado del padre, ni el padre llevará el pecado del hijo; la justicia del justo será sobre él, y la impiedad del impío será sobre él" (Ezequiel 18:20). Si no logramos hablar a nuestros amigos de Cristo, en parte seremos responsables de su condenación, pero la responsabilidad final reside en el individuo en cuestión.

No aceptes más responsabilidad de la que Dios te pone pues, si lo haces, acabará contigo. He visto pastores sensibles derrumbados. En su propia diligencia, tomaron sobre sí una carga demasiado pesada para que cualquier mortal pudiera soportarla. Dios es el Señor. No tenemos que tener miedo de que si no evangelizamos inmediatamente a todas las personas que conocemos, caerán en el Infierno por error. Cristo salvará a cada uno de sus elegidos. Nos asegura que "todo lo que el Padre me da, vendrá a mí" y que "a los que me diste, yo los guardé, y ninguno de ellos se perdió" (Juan 6:37; 17:12).

Aunque parezca paradójico necesitamos relajarnos, descansar en la soberanía de Dios. Quizá estés cargado por la salvación de tus hijos. Has orado por ellos, les has enseñado las Escrituras y les has instado a que crean, todo ello sin resultados aparentes hasta este momento. Seguirás profundamente preocupado por ellos; y debes estarlo. Que Dios no permita que alguna vez te vuelvas apático o indiferente. Quizá tengas remordimientos por errores e incongruencias pasados. Por ellos te esforzarás y obtendrás perdón, pero debes ejercitar la fe en el Señor. Recuerdo haber hablado en Edimburgo con un hombre de sesenta y cuatro años que acababa de convertirse en cristiano. Sus padres, piadosos, habían muerto años antes con el corazón roto a causa de su hijo rebelde, que había repudiado la fe de ellos y su ejemplo; pero llegó el momento en que se convirtió y me dijo que atribuía su conversión, además de a Dios, a las oraciones de su padre y de su madre. Ellos habían muerto sin verlo como creyente, pero sus oraciones por él no habían sido en vano. Quizá no ocurra esto siempre, por supuesto, pero debemos confiar en el Todopoderoso. El regalo de la salvación no está en nuestras manos, no está en nuestro poder el concederlo, y debemos encomendar a Él aun a nuestros seres más cercanos y queridos. No podemos cargar con la responsabilidad de las almas de los demás. Quizá tengamos que vivir con la angustia de verlos rechazar a Cristo, pero no debemos permitir que su incredulidad nos destroce. Dios no comete errores. Nuestro deber es confiar en Él.

Finalmente, tenemos que aceptar humildemente el propósito soberano de Dios al crear el Infierno. Pensar en ello es espantoso y no podemos evitar sentir un profundo pesar por nuestros semejantes que están perdidos. Estamos en nuestro derecho. Nuestra obligación es amar a nuestros enemigos, al igual que a nuestro vecino, pues ellos también han sido creados a imagen de Dios. Porque todos sabemos que pueden ser mucho más que eso. La persona más malvada que jamás hayas conocido puede ser uno de los elegidos. Quizá parezca el diablo encarnado, un Saulo de Tarso y, sin embargo, quizá demuestre ser uno de quienes Dios eligió desde la eternidad y a quien planea redimir. Tenemos que afligirnos intensamente aun por la condenación de un único individuo.

Sin embargo, nuestra compasión natural puede pasar a convertirse muy fácilmente en aversión por la propia doctrina del Infierno. John Stott ha escrito acerca del castigo eterno que: "Emocionalmente, el concepto me parece intolerable y no entiendo cómo las personas pueden vivir con él sin cauterizar sus emociones o desplomarse bajo la tensión[6]". Esta opinión está cada vez más de moda, no solo respecto al castigo eterno sino también a la idea del Infierno en términos generales. La gente dice, con otras palabras, que preferirían que no existiera semejante lugar.

Tales sentimientos son comprensibles. ¿Pero son correctos? ¿Deberíamos ver el Infierno como una realidad desagradable y embarazosa, algo que, en realidad, desearíamos que no existiera? El problema de esta opinión es que la Escritura nos muestra a los santos glorificados alabando a Dios por su Juicio sobre el pecado y adorándole por derrocar la maldad: "Te damos gracias, Señor Dios Todopoderoso, [...] porque has tomado tu gran poder, y has reinado. Justo eres tú, oh Señor [...], porque has juzgado estas cosas. Por cuanto derramaron la sangre de los santos y de los profetas, también tú les has dado a beber sangre; pues lo merecen" (Apocalipsis 11:17; 16:5?6).

Al parecer, los santos que están en el Cielo alaban a Dios por el Infierno. ¿Deberíamos alabarle por él ahora? Seamos prudentes llegados a este punto. Con toda seguridad, podemos darle gracias a Dios porque hay un Infierno para el pecado. Podemos decir: "Gracias Señor, porque has preparado fuego para el diablo y sus ángeles. Estoy contento de que estén allí por siempre y para siempre. Me regocijo en que la maldad será condenada y te alabo, Señor, por ese lugar de castigo".

¿Pero podemos ir más allá? ¿Podemos agradecer a Dios que haya un Infierno para las personas malvadas? Yo me resistiría mucho a hacerlo. Al considerar mi propio corazón veo demasiado pecado, demasiado egocentrismo, malicia y orgullo. Yo mismo no estoy en el Infierno únicamente por la gracia del Salvador. Sencillamente, no puedo considerar a otro pecador y darle gracias a Dios por el castigo que le aguarda a él o a ella. Sin duda, alguien que pueda sentir otra cosa que no sea angustia ante el destino final de los perdidos, tiene una amargura en su alma impropia de Cristo.

Cuando estemos en el Cielo, sin embargo, alabaremos a Dios por todo lo que lleva a cabo por medio del Infierno. Puesto que estaremos purificados de pecado, nuestros motivos serán completamente santos y estaremos llenos de la mente de Cristo. El

Juicio justo y recto de Dios será revelado; todas las injusticias de esta vida serán borradas; toda la aparente injusticia y los misterios del tiempo serán resueltos. Todo se enderezará. La majestad del Señor brillará, y todos aquellos que se hayan levantado arrogantemente en contra de Él, serán humillados y abatidos. Dios será glorificado en el Infierno y, si la gloria de Dios significa más que cualquier otra cosa para nosotros, ¿podemos lamentar que exista el Infierno? No podemos; y en el Cielo seremos transformados, seremos capaces de glorificar a Dios por todo lo que ha hecho, incluyendo el Infierno.

¡Qué misterio tan sobrecogedor! En las palabras cuidadosamente escogidas de Jonathan Edwards: "Consentir a lo que Dios hace sin reserva alguna ni oposición de espíritu, completa y hace perfectos a los santos; sí, hace que se regocijen en todo lo que Dios considera que debe hacerse[7]".

No osamos siquiera aspirar a eso. Pero lo haremos. Ahora no podemos comprender la manera como, en los propósitos de Dios, Él es glorificado a través del Infierno. Pero lo haremos. Esta verdad, como todas las demás, nos lleva a postrarnos de rodillas y nos mueve a la adoración.

NOTAS

1 *"On the Mortification of Sin in Believers"* ("De la mortificación del pecado en los creyentes"), *Works* (Obras), Vol. 6, p. 9 (Londres: Banner of Truth, reimpresión 1967).

2 Cita de la p. 19 (Londres: Banner of Truth 1648, reimpresión 1964).

3 *Systematic Theology* (Teología sistemática), pp. 861-2.

4 *Ibíd.*

5 Cf. *¿Qué ha pasado con el Infierno?*, p. 152.

6 Edwards y Stott: *Essentials: A Liberal-Evangelical Dialogue* (Elementos necesarios: un diálogo evangélico liberal), p. 314.

7 *"The End of the Wicked Contemplated by the Righteous"* ("El fin de los malos contemplado por los justos"), *Works* (Obras), Vol. 2, p. 210 (Edimburgo: Banner of Truth 1974).

5
Cosas del Cielo

MIENTRAS QUE CUALQUIER PENSAMIENTO SOBRE EL INFIERNO es anatema para la mayoría de las personas, la doctrina del Cielo probablemente sea la más popular de todas las enseñanzas cristianas. Una encuesta, efectuada en los Estados Unidos en 1990, informó que el setenta y ocho por ciento de las personas encuestadas afirmaban creer en el Cielo. En una época supuestamente materialista hay una fascinación generalizada por la vida después de la muerte. En la actualidad, se supera fácilmente el centenar de libros editados acerca de los ángeles. Títulos como *Embraced by the Light* (Abrazado por la luz) y *Caught into Paradise* (Arrebatado al Paraíso) encabezan las listas de los libros más vendidos. Los programas de televisión que se ocupan de lo sobrenatural disponen de una gran audiencia. El Cielo es un tema de moda.

Esto no es una mera novedad reciente, porque creer en una vida posterior es común a toda la Humanidad. Dios —se nos dice— "ha puesto eternidad en el corazón de ellos" (Eclesiastés 3:11) y los seres humanos parecen saber, instintivamente, que hay una vida más allá de la presente. En las pirámides de Egipto, los cuerpos embalsamados tenían mapas junto a ellos a modo de guía para el mundo futuro. Los griegos y los romanos creían en un mundo espiritual donde entraba el difunto. Los indígenas americanos enterraban arcos y flechas en sus sepulcros tribales para utilizarlos en la buena tierra para la caza. Hoy en día oímos de mujeres que piden que las entierren con su neceser de maquillaje y sus revistas favoritas. Creer en una vida venidera es una constante en la cultura humana.

Y, sin embargo, hay una paradoja en todo esto. Muchas personas dicen que creen en el Cielo, pero su interés por él es superficial. Esta creencia, aparentemente, no supone ninguna diferencia en su modo de vida. Prácticamente no tiene ningún impacto en su comportamiento. En realidad, cierran los ojos ante ese futuro que esperan experimentar y disfrutar.

Aún más desconcertante, es que dentro del cristianismo mismo encontramos menos interés por el Cielo que casi en ninguna otra época de la Historia. En la actualidad se han escrito pocos libros sobre esta cuestión que merezcan la pena. Uno de los grandes textos de la Teología reformada es *Systematic Theology* (Teología sistemática), de Louis Berkhof; no obstante, Berkhof, extrañamente, dedica solo una de sus 784 páginas al tema del Cielo. No se suele predicar acerca de él. Los cristianos, cuando se reúnen, rara vez dialogan sobre la vida venidera y la perspectiva de gloria. Quizá nos sorprenda que a los incrédulos no les afecte pensar en el Cielo en el que dicen creer; sin embargo, es sin duda más incomprensible que nosotros, quienes por medio de la fe en Cristo tenemos un buen motivo para prever nuestra ida al Cielo y nuestra estancia allí para siempre, le dediquemos tan poco tiempo o tan poca atención.

¿Por qué se descuida la doctrina del Cielo? ¿Y por qué es tan perjudicial tal descuido?

¿Por qué se descuida el Cielo?

Una razón obvia por que muchos de nosotros no reflexionamos acerca del Cielo, ni con mucho tanto como debiéramos, es que estamos demasiado preocupados por este mundo presente. Nos rodean las cosas que podemos ver y oír, tocar, gustar y oler. Si tomo una moneda en mi mano y la sostengo cerca de mi ojo, tapará el Sol y no veré más que una pequeña moneda brillante. Ahora bien, el Sol es más grande que la moneda pero, puesto que la moneda está cerca, oculta de mi vista algo que es incomparablemente más grande. Las realidades cotidianas de la vida quizá no sean ni grandes ni, en último término, importantes, pero están cerca de nosotros, nos afectan; y el peligro está en que la propia cercanía de este mundo oculte la perspectiva del glorioso mundo venidero, que es infinitamente más vasta.

Otra razón por que descuidamos el Cielo es que, al menos en el mundo occidental, estamos demasiado cómodos. Porque la mayoría somos —en comparación— ricos, estamos razonablemente sanos y somos bastante felices. La vida es dulce y, sin darnos cuenta de ello, estamos drogados por el bienestar y la prosperidad. La tragedia nos despierta con una punzada de dolor y nos hace, de repente, intensamente conscientes del Cielo y del Infierno. Un ser querido enferma gravemente y, en un instante, nos damos cuenta de que el Cielo ya no es teórico ni está lejano; es muy real y estamos deseando averiguar más de él. Pero la mayor parte del tiempo estamos contentos tal como estamos. Otras generaciones de creyentes tenían más del espíritu de peregrino. "Este mundo no es mi hogar —cantaban—; sencillamente estoy de paso".

Se describían a sí mismos como "peregrinos que pasan por esta Tierra estéril". Pero el nuestro es un mundo rico, un mundo agradable, y hemos echado raíces. Hemos cambiado "lo dulce más tarde" por lo próspero aquí y ahora. Esta es una época de gratificación instantánea y hay mucho por disfrutar en el presente. La sociedad nos ofrece una variedad de experiencias deslumbrante, desde las nuevas tecnologías de entretenimiento interactivo hasta las más exóticas vacaciones en el extranjero. La propia comodidad de este mundo hace que el Cielo sea menos atractivo.

O quizá descuidemos el Cielo porque no lo vemos sino como la inevitable etapa siguiente de nuestra existencia. Así es como piensan, con toda seguridad, los incrédulos, pero muchos cristianos profesantes tienen una opinión similar. Creemos en el Cielo, es un hecho que sucederá en el futuro y, cuando suceda, no cabe duda de que lo disfrutaremos; pero mientras tanto, ¿por qué malgastar el tiempo preguntándonos acerca de él? ¿De qué nos sirve soñar despiertos? El Cielo llegará cuando llegue. Ya habrá tiempo suficiente entonces para pensar en él.

Podemos descuidar el Cielo sencillamente porque no nos

atrae. De niño no tenía deseos de ir al Cielo porque me parecía un lugar aburrido. Mi concepto del Cielo consistía en un culto de iglesia que se prolongaba y se prolongaba durante millones de años, mientras que yo tenía que estar sentado en un asiento de mármol con un traje blanco inmaculado, sin que se me permitiera moverme durante toda la eternidad. ¡Semejante idea de la vida eterna tenía poco atractivo para un niño! Por supuesto, cuando surgía el tema en casa yo fingía un modesto entusiasmo, pero era enormemente artificial. No me gustaba lo que suponía el Cielo y no tenía prisa alguna por ir allí.

Quizá seamos viejos para tales conceptos erróneos más propios de la infancia pero, aun así, aunque parezca mentira, podemos estar apáticos respecto al Cielo, torpes para entenderlo o para compartir su belleza. Los críticos literarios han hecho comentarios acerca de la diferencia entre los dos grandes poemas de Milton: *El Paraíso perdido* y *El Paraíso recuperado*. *El Paraíso perdido* es una obra superior, más vívida, colorista y emocionante, mientras que *El Paraíso recuperado* es, en ocasiones, suave y bastante monótona. Al parecer, a Milton le resultó más fácil escribir acerca del Infierno que del Cielo. En cierto sentido, el Cielo no nos es atractivo. Tan cierta como dramáticamente cómica es la historia de una mujer a quien le preguntaron por una amiga que había fallecido y que respondió con bastante impaciencia: "Bueno, supongo que está disfrutando de felicidad eterna, ¡pero no quiero hablar de un tema tan desagradable!".

A veces, los cristianos tenemos lavado el cerebro para pasar por alto el Cielo. Podemos estar demasiado entusiasmados con agradar a quienes están fuera de la Iglesia y les preguntamos con impaciencia lo que esperan de nosotros, asegurándoles que intentaremos proporcionárselo. Y el mundo proclama querer lo que es obviamente pertinente. "Si no tienes nada práctico que enseñarnos —dicen—, no queremos escucharte. Necesitamos ayuda para el aquí y el ahora, para hoy y para mañana. ¿Qué beneficio concreto me proporcionará ahora tu mensaje? ¿Cómo puedo darle utilidad? No hables de 'prometerme la Luna'. No me interesa un mundo futuro totalmente idealista". Y, con demasiada frecuencia, en la Iglesia hemos capitulado ante ese modo de pensar y hemos descuidado la gloria venidera. Uno de los eslóganes más dañinos de Satanás ha sido criticar a los cristianos por tener su mente demasiado puesta en las cosas celestiales como para ser de utilidad en la Tierra. Queremos ser útiles en la Tierra, por supuesto, y pensamos que la solución está en ser menos celestiales; pero, al contrario, como veremos, solo quienes tienen su mente en lo celestial son, en última instancia, de mayor utilidad en la Tierra.

Esta acusación ha sido un golpe maestro del diablo. Detrás del hecho de que descuidemos el Cielo está, en gran medida, su influencia. Porque a él le interesa promover nuestro descuido, cegar nuestras mentes a esta posibilidad gloriosa y centrar nuestra atención, con ojos de miope, en el presente inmediato.

Finalmente, quizá descuidemos el Cielo porque es una realidad demasiado imponente para que nuestras mentes limitadas la comprendan. Es demasiado magnífica para nosotros, demasiado trascendente, demasiado gloriosa. Nuestros pequeños cerebros no pueden hacerse con el Cielo. Como Pablo escribe: "Cosas que ojo no vio, ni oído oyó, ni han subido en corazón de hombre, son las que Dios ha preparado para los que le aman" (1 Corintios 2:9, citando Isaías 64:4). Sencillamente, escapa a nuestra comprensión.

Por estas razones, entre otras, el Cielo es una doctrina que se ha descuidado.

¿POR QUÉ IMPORTA EL TEMA DEL CIELO?

¿Pero importa que no pensemos en el Cielo tan a menudo como debiéramos? Es de profunda importancia.

Importa, en primer lugar, porque muchas personas que dan por hecho que van a ir al Cielo, no irán. No hay evidencia alguna en sus vidas de que estén unidas a Cristo. Están alimentando una esperanza falsa. Escuchamos los comentarios que se hacen a la ligera cuando mueren hombres o mujeres famosos. Uno dice que están mirando desde arriba, gratamente sorprendidos por la enorme e impresionante afluencia de asistentes a su funeral. Oímos que los golfistas disfrutan jugando al golf y que los pescadores realizan unas enormes capturas en el Cielo. Quizá hayan mostrado poco interés por las cosas de Dios, quizá nunca hayan profesado la fe en el Salvador, pero se da por hecho que donde se encuentran ahora es en el Cielo. Sugerir lo contrario supone ser calificado de fanático cruel. Hablamos con personas que presuponen que van a ir al Cielo y que, sin embargo, no tienen razón alguna para su irreflexiva presuposición. Se están enfrentando a la más terrible de las conmociones. Su descuido del Cielo es letal.

Por otra parte, importa porque muchos conceptos populares acerca de la vida venidera son de una imprecisión grotesca. La mayoría de los libros que hablan del Cielo más vendidos en la actualidad son una mezcla tóxica de versículos bíblicos mal citados, la filosofía de la Nueva Era, el mormonismo, el ocultismo, el sentimentalismo vacío y la superstición. Esta mezcolanza de confusión y falsedad está engañando a las personas, las cuales, tristemente, no están todas fuera de la Iglesia. Sus mentes se están envenenando. "La Naturaleza aborrece que exista un vacío", y si no se enseña la Verdad, el error la reemplazará.

Nuestro descuido importa porque, como cristianos, estamos desperdiciando una de nuestras armas evangelísticas más poderosas. Dios ofrece a los seres humanos, pecadores y viles, una eternidad de felicidad inimaginable. ¡Qué estupenda y gloriosa posibilidad! Pero la Iglesia no está gritando este mensaje desde los tejados. El novelista francés Víctor Hugo fue poco preciso en su Teología, pero acertado en su sentimiento cuando escribió: "Soy el renacuajo de un arcángel". Creía, en otras palabras, que los seres humanos estaban destinados a un futuro mejor y más grande. Sin embargo, la Iglesia evangélica de hoy en día se está concentrando en ayudar a que las personas sean mejores renacuajos. Ve a cualquier librería cristiana y mira de qué tratan muchos de los libros: no de Dios, ni del Cielo, ni del mundo venidero. Tratan de cómo convertirse en renacuajos mejores, cómo hacer mejoras limitadas y temporales en nuestra vida, aquí y ahora. ¿Es esto todo lo que la Iglesia puede ofrecer: "Cristo puede dar paz a tu mente; hacer que tengas un matrimonio mejor; Cristo puede enseñarte cómo educar a tus hijos"? La gente puede encontrar analgésicos y clases para padres que prometerán las mismas cosas. ¿Y el hecho de que Jesucristo puede llevarte a la gloria para siempre? No le estamos diciendo eso a la gente, y después nos sorprendemos de que no les interese el Evangelio. No estamos utilizando una de las verdades más maravillosas que Dios ha puesto en su Palabra. Por supuesto que es perjudicial descuidar el Cielo.

Pero, en último lugar, importa por nuestro propio beneficio: por nuestro crecimiento espiritual y nuestra efectividad en el servicio. Al descuidar lo que la Biblia dice acerca del Cielo, nos abandonamos a ser creyentes más pobres de lo necesario, a ser más débiles y a estar más preocupados. La mayor parte de la enseñanza que aparece en la Escritura acerca del Cielo no es para evangelizar, sino para pastorear al pueblo de Dios. Él explica el Cielo en su Palabra principalmente para el beneficio de sus propios hijos, para ayudarnos y consolarnos, para estimularnos y fortalecernos, para hacernos más santos, para llenarnos de gozo. La doctrina del Cielo está revelada para arrojar luz sobre tu vida y la mía, aquí y ahora, para capacitarnos para ser personas mejores, hoy y mañana. Nos engañamos a nosotros mismos si no hacemos uso de esta enseñanza maravillosa. Es una bendición inmensa conocer muchas más cosas acerca del Cielo. Y las podemos conocer. No tenemos necesidad de quedarnos en la oscuridad.

¿Te has fijado en el versículo que he citado parcialmente varios párrafos más arriba? Al mencionar la trascendencia del Cielo, cité 1 Corintios 2:9: "Cosas que ojo no vio, ni oído oyó, ni han subido en corazón de hombre, son las que Dios ha preparado para los que le aman". Pero me detuve en ese punto ¡de manera inexcusable! Porque ¿qué dice el siguiente versículo? "Pero Dios nos las reveló a nosotros por el Espíritu". ¡Cuántas veces se hace un mal uso de este pasaje! El Cielo es demasiado grandioso para entenderlo —dicen los escritores y los predicadores—, y citan el versículo 9. Pero eso no es lo que Pablo está diciendo en absoluto; antes al contrario. Nos está diciendo que, mientras que el Cielo es demasiado grandioso para que lo entiendan los incrédulos, demasiado magnífico para que lo comprenda la razón humana por sí sola, Dios nos ha revelado estas cosas por su Espíritu. Con su Palabra en nuestras manos podemos conocer cosas acerca del Cielo. Pretende que aprendamos acerca de él y que no lo descuidemos más.

¿Por dónde deberíamos comenzar? Considerando el contexto en que debe situarse nuestro entendimiento completo del Cielo.

6
Creados para la gloria de Dios

EL CIELO ES UN TEMA FASCINANTE, y hay mucho de él que anhelamos descubrir; pero es fundamental empezar de la manera correcta, porque si estamos mal orientados al comienzo, jamás nos recuperaremos. Sería un error impacientarnos y apresurarnos a estudiarlo sin detenernos a orientarnos. Podemos encontrar un punto de partida adecuado en las palabras de Dios recogidas en Isaías 47:3: "Para gloria mía los he creado". Originariamente aplicó esta frase a su propio pueblo, a "todos los llamados de mi nombre" pero también es cierto, en un sentido más general, de todo lo creado por Dios y de todo lo que Él hace; y es especialmente cierto del Cielo. El Cielo ha sido creado para la gloria de Dios. Este es el fundamento sobre el que debe descansar toda nuestra reflexión.

LA GLORIA DE DIOS MANIFESTADA

Las primeras palabras de la Biblia son: "En el principio creó Dios los cielos y la tierra". ¿Te has preguntado alguna vez por qué Dios eligió crear los cielos y la Tierra? No tenía necesidad de ello, pues no necesitaba nada ni a nadie. Como Padre, Hijo y Espíritu siempre había sido perfectamente autosuficiente. Siempre lo será. Él es el Dios sin necesidades (Hechos 17:25). Pero debe de haber tenido un propósito al crear los cielos y la Tierra. ¿Cuál fue? No actuó por capricho, no lo hizo porque estuviera aburrido o necesitara alguna cosa en la que ocupar su tiempo.

La respuesta más satisfactoria que he encontrado está en el discurso de Jonathan Edwards titulado *"The End for which God Created the World*[1]*"* (El fin para el que Dios creó el mundo). Con su acostumbrada meticulosidad, Edwards se dispone a resolver esa pregunta. Su respuesta es: "Que podría haber una emanación gloriosa y abundante de su infinita plenitud de bien *ad extra* (adicional), o sin Él mismo". Continúa: "Esta disposición para darse a conocer, o para difundir su propia plenitud fue lo que le movió a crear el mundo". Dios tenía una "disposición para darse a conocer", para difundir su propia plenitud. Su propósito fue el que su bondad desparramara su propio Ser, por así decirlo. Eligió crear los cielos y la Tierra para que su gloria pudiera fluir de sí mismo en abundancia. Hizo que existiera una realidad física para que pudiera experimentar su gloria, ser llena de ella y reflejarla: cada átomo, cada segundo, cada parte y momento de la creación. Creó seres humanos a su propia imagen para reflejar su gloria, y los puso en un medio perfecto que también la reflejara. "Vio Dios todo lo que había hecho, y he aquí que era bueno en gran manera" (Génesis 1:31). Los cielos y la Tierra manifiestan su gloria.

Los "cielos"

Cuando leemos que Dios creó los cielos y la Tierra, ¿qué quiere decir la palabra "cielos"? El significado original de los términos hebreo y griego es incierto, pero venían a describir aquello que está por encima de las bóvedas celestes, lo elevado, las regiones celestes. El cielo es el firmamento, aquello que está alto y elevado. En la Biblia se utiliza para tres entidades separadas y, sin embargo, interconectadas.

Se refiere, en primer lugar, a la atmósfera: el aire que está por encima de nosotros y que envuelve este planeta. "Desciende de los cielos la lluvia y la nieve" (Isaías 55:10). "El rocío del cielo" (Daniel 4:15). Se denomina así porque desciende del cielo, del aire. También leemos de "las aves del cielo" (Jeremías 4:25). Las heladas, el viento, las nubes y los vapores, el trueno y el granizo, todas estas cosas vienen del cielo. Y entendemos de qué cielo se trata: es la atmósfera, el aire que está sobre nosotros.

En segundo lugar, está lo que ahora llamamos "espacio". A veces, la Biblia describe esta región como el "firmamento" o la "expansión". En Génesis 1:14, Dios pone lumbreras en "la expansión de los cielos (NVI: "en el firmamento") para separar el día de la noche". ¿A qué se refiere al decir esto? Se está refiriendo al emplazamiento del Sol, de la Luna y las estrellas. Los planetas y las galaxias están en estos cielos. La palabra "cielo", pues, en la Escritura, se refiere a la atmósfera y también al espacio: los cielos planetarios.

Por supuesto, al meditar en la doctrina bíblica del Cielo, no dedicaremos el tiempo ni a la atmósfera ni al espacio. Pero deberíamos reflexionar un momento antes de pasar a la cuestión que realmente nos ocupa, porque el hecho de que estas entidades hagan referencia, con la misma palabra, a la morada de Dios no es un accidente del vocabulario. Esto no sucede porque el hebreo o el griego carezcan de palabras. No, hemos de ver una relación entre ellos. El cielo y el espacio nos hablan del Cielo verdadero, dan testimonio de la gloria y del poder del Creador. "Los cielos cuentan la gloria de Dios —dice el Salmista— y el firmamento anuncia la obra de sus manos" (Salmo 19:1). El arco iris de Dios en los cielos nos reafirma en que la promesa de su pacto es cierta (Génesis 9:13?17). Las estrellas nos recuerdan la promesa de Dios de la innumerable descendencia de su siervo elegido, porque le dijo a Abraham: "Cuenta las estrellas, si las puedes contar [...]. Así será tu descendencia" (Génesis 15:5).

Estos cielos también nos hablan de nuestras limitaciones y de nuestra pequeñez. El Salmista exclama: "Cuando veo tus cielos, obra de tus dedos [...]. ¿Qué es el hombre, para que tengas de él memoria?" (Salmo 8:3?4). Los astrónomos nos dicen que la estrella que está más próxima a nuestro sistema solar está a más de 27 000 billones de km de distancia. Sin embargo, Dios "cuenta el número de las estrellas" y "a todas ellas llama por sus nombres" (Salmo 147:4). ¡Cuán imponente y majestuoso debe de ser! En las palabras del profeta Isaías: "¿Quién midió las aguas con el hueco de su mano y los cielos con su palmo, con tres dedos juntó el polvo de la tierra [...]?" (Isaías 40:12).

Vivimos en ciudades con iluminación artificial y casi nunca vemos con claridad las estrellas en el cielo nocturno. Los expertos nos dicen el tiempo que va a hacer y no pensamos en la nieve o la lluvia descendiendo de arriba, sino en términos de "bajas presiones" y "frentes fríos". No consideramos con asiduidad los cielos ni meditamos en ellos. Pero no es una mera coincidencia del lenguaje que, en la Biblia, a la atmósfera y al espacio se los denominen los cielos. Se nos invita a que alcemos nuestros ojos y admiremos la gloria, la majestad y el poder del Creador. Deberíamos percibir su bondad para con nosotros al enviarnos la lluvia fructífera del cielo (Hechos 14:17). Estos cielos nos hablan verdaderamente de "el" Cielo y del Dios del Cielo. Son los testigos del Señor ante toda la Humanidad.

"El Cielo mismo"

Pero nos centramos ahora en "el Cielo mismo". Esa es una frase escrituraria. Se nos dice que Cristo ha entrado "en el cielo mismo" (Hebreos 9:24): no en la atmósfera, ni en el espacio, sino en el Cielo mismo. El Antiguo Testamento llama a este lugar "los cielos", "los cielos de los cielos" (2 Crónicas 2:6). Pablo, pensando quizá en la atmósfera como el primer cielo y en el espacio como el segundo, se refiere a él como el "tercer cielo" (2 Corintios 12:2). No se nos dice dónde está este Cielo —los cielos—, pero la Biblia lo describe como la morada de Dios. "Mira desde el cielo [...] tu santa y gloriosa morada" (Isaías 63:15). El rey David anhela morar "en la casa de Jehová [...] por largos días" (Salmo 26:6). El Cielo es la casa de Dios. Oramos a nuestro "Padre [...] que [está] en los cielos" (cf. Mateo 6:9).

Si tienes una mentalidad filosófica, quizá te opongas a esta idea. Sin duda, Dios está presente en todas partes, y ni el espacio ni el tiempo pueden limitarlo. Sí, eso es totalmente cierto. El rey Salomón dice que los cielos y los cielos de los cielos no pueden contenerlo (cf. 1 Reyes 8:27). Dios no puede restringirse a ningún lugar, no importa cuán vasto sea. ¿En qué sentido podemos decir, pues, que el Cielo es la morada de Dios? Si Dios está presente en todas partes, ¿cómo es, pues, el Cielo su hogar?

Quizá tengamos una pista en la palabra "hogar". El hogar es donde nosotros mismos podemos estar. Si quieres conocer a una persona, debes verla en su hogar. No aprenderás tanto si la ves en su trabajo, o fuera en la vida social, elegantemente vestida y con sus mejores modales. Sin embargo, en el hogar puedes ver cómo es esa persona en realidad.

Aunque Dios está presente en todas partes en su poder y su sabiduría, en su santidad y su justicia, el Cielo es su hogar. Y al decir esto, queremos decir que el Cielo es donde Dios se revela a sí mismo más claramente y donde lo vemos como es en realidad, en la plenitud de su Ser. John Owen lo expresa de esta manera: "La razón por que se dice que Dios está en el Cielo no es porque su esencia esté recluida en el lugar con ese nombre, sino porque es allí donde tienen lugar las manifestaciones más eminentes de su gloria[2]". El Cielo es donde la magnificencia de Dios está revelada expresamente y sus perfecciones brillan con un esplendor y una belleza inimaginables. El Cielo es el lugar de la gloria de Dios.

Por esa razón, a veces se describe en la Biblia y en nuestro lenguaje habitual como "la gloria". Con frecuencia, los creyentes dicen de los amigos que han fallecido que han "partido a la gloria", queriendo decir que se han ido al Cielo. El Salmista dice: "Me has guiado según tu consejo, y después me recibirás en gloria" (Salmo 73:24). Está seguro de que Dios le recibirá en el Cielo. Se nos dice que Jesús lleva muchos hijos a la gloria (cf. Hebreos 2:10). El Cielo está tan íntimamente identificado con la gloria que ambos términos son casi intercambiables.

"Creados para mi gloria". El Cielo es el escenario de la gloria. Por eso Dios creó los cielos y la Tierra. Era un universo de una variedad y una riqueza pasmosas; el hombre y la mujer, los espléndidos portadores de la imagen de Dios; el Señor caminando con ellos en una amistad inquebrantable en el huerto, "al aire del día" (cf. Génesis 3:8). Todo reflejaba las excelencias de Dios. La gloria de Dios brillaba con toda su fuerza. Todo era bueno en gran manera.

La gloria de Dios disminuida

Pero esa bendita situación no tuvo continuidad. El diablo tentó a Adán y a Eva y ellos le escucharon. Desobedecieron a Dios, cayeron desde su alta posición y el brillo de su imagen reflejada en ellos se empañó. Los seres humanos estaban separados de Dios. La muerte entró en el mundo. Dios maldijo la Tierra y a sus criaturas. Pablo nos dice que "la creación fue sujetada a vanidad", a "la esclavitud de corrupción" (Romanos 8:20?21). La gloria de Dios disminuyó en el mundo que Él había creado.

¡Qué tragedia! Dios creó esta tierra y a sus habitantes para su gloria, pero solo unos pocos capítulos más adelante en Génesis, leemos que "la maldad de los hombres era mucha en la tierra, y que todo designio de los pensamientos del corazón de ellos era de continuo solamente el mal [...], se corrompió la tierra delante de Dios, y estaba la tierra llena de violencia" (Génesis 6:5,11). Estas palabras son desgarradoras. La creación está siendo engullida por un maremoto de pecado y desgracia, pero la tragedia más terrible de la Caída no es lo que nos hizo a nosotros o a la Tierra, sino lo que le hizo a la obra de Dios, los estragos que causó en el teatro de la gloria de Dios.

Considera el mundo en que vivimos. ¿Cómo es? Piensa en las personas que ocupan altos cargos, en los que ostentan el poder, los que sientan opiniones, la elite. ¿Qué tipo de personas son? ¿Son muchas de ellas nobles o puras, veraces o cariñosas? Considera el aumento de la corrupción en nuestra sociedad. ¿No es demasiado evidente que los humanos "están destituidos de la gloria de Dios" (Romanos 3:23)? Piensa en nuestro planeta, con su atmósfera y su agua contaminadas, sus inundaciones y tornados, sus guerras, sus enfermedades y su hambre.

Parece como si Satanás hubiera ganado una gran victoria al desfigurar lo que Dios ha creado, haciendo vil la revelación de la gloria de Dios. La gloria sigue siendo visible, por supuesto. Podemos ver destellos de ella aquí y allá y de vez en cuando. ¡Y, sin embargo, cuán tristemente pequeños en comparación!

La gloria de Dios se manifestó; la gloria de Dios ha disminuido; pero la gloria de Dios también es restaurada.

La gloria de Dios restaurada

Aquí —alabado sea Dios— es donde el Cielo hace su aparición. A pesar de todo el pecado y la tragedia hay un reino intacto, incontaminado y creado, donde la gloria de Dios aún brilla con una belleza superior: y ese reino es el Cielo. Satanás ha sido desterrado del Cielo. En ese lugar de gozo, los santos ángeles adoran y sirven al Señor en toda su majestad y esplendor. En el Cielo la gloria de Dios ha brillado siempre; en el Cielo sigue brillando.

Desde esa región luminosa procede el aplastante contraataque. El Cielo es el lugar desde donde la gloria de Dios regresa a la Tierra para hacerla gloriosa, a ella y a sus gentes. La historia de la Biblia es la historia del Cielo volviendo a este mundo, tomando posesión de él y llenándolo una vez más. Trata de la revelación y restauración de la gloria de Dios, y esto de una manera mucho más rica y maravillosa en Cristo, como jamás se vio en Edén o en Adán.

Dios, pues, empieza a obrar en la Historia. Todo lo que hace es por una razón: para su gloria. Ese es el propósito de Dios y su pasión. Elige un pueblo en la eternidad. ¿Por qué? Para su gloria. Elige a Israel para su gloria. Los libra de Egipto para su gloria, y los restaura después del exilio para su gloria. Al leer el Antiguo Testamento, dite a ti mismo: "¡La gloria se acerca, la gloria se acerca!". En cada página, en cada época de la historia de Israel, la gloria se acerca.

Después, finalmente, Dios envía a su Hijo. Cuando Cristo nace, los cielos se abren y una multitud de huestes celestiales alaba a Dios. ¿Su motivo? "¡Gloria a Dios en las alturas, y en la tierra paz, buena voluntad para con los hombres!" (Lucas 2:14). Juan dice que la gloria de Dios era visible en Jesús de Nazaret, "gloria como del unigénito del Padre" (Juan 1:14). Jesús aplastó al diablo, al enemigo de la gloria. Vivió una vida perfecta y murió con una muerte expiatoria para pagar por los pecados de su pueblo. Al acercarse a la Cruz, resumió su vida y su obra en estas palabras: "Yo te he glorificado en la tierra; he acabado la obra que me diste que hiciese" (Juan 17:4). Después de su muerte y resurrección regresó a la gloria de la que había venido.

Y la gloria del Cielo, la cual Cristo poseía y revelaba y por la cual vivió y murió, es transmitida a otros. En el momento mismo en que las personas creen en Él, se puede decir que entran en el Cielo. Los creyentes reciben la gloria y entran en ella. Pasamos de muerte a vida y Dios nos hace "sentar en los lugares celestiales con Cristo Jesús" (Efesios 2:6). Después, despacio, paso a paso, crecemos en gracia y la gloria empieza a brillar en nosotros y desde nosotros. Seguimos adelante, semana tras semana, año tras año, "[siendo] transformados de gloria en gloria" (2 Corintios 3:18), a la imagen de Jesucristo. Vemos la gloria de Dios en los rostros los unos de los otros, y eso es el Cielo descendiendo a la Tierra y la gloria esparciéndose. Cuando morimos, nuestras almas pasan inmediatamente al Cielo, a la gloria.

Después, Jesús vendrá de nuevo en las nubes del cielo. Seremos resucitados y nuestros cuerpos cambiarán, serán transformados y glorificados. Todo el universo creado será renovado cuando Cristo reconcilie en sí mismo todas las cosas. Todas las consecuencias del pecado desaparecerán, y todo lo que Satanás ha hecho será abolido. La Nueva Jerusalén vendrá de Dios desde el Cielo hasta la Tierra, y habrá un Cielo nuevo y una Tierra nueva: una realidad maravillosa llena del resplandor de Dios, latiendo con su presencia inmediata y con su gloria superior. La gloria de Dios será restaurada por completo.

Escucha a Jonathan Edwards:

> El hecho de que las criaturas conozcan a Dios, lo estimen, lo amen, se regocijen en Él y lo alaben hace que la gloria de Dios se manifieste y se reconozca [...]. Los haces de gloria provienen de Dios, son algo de Dios y son devueltos de nuevo a su estado original. Todo, pues, es de Dios, y en Dios, y para Dios; y Él es el principio, el medio y el final[3].

El Cielo está creado para la gloria de Dios. Es el lugar donde su gloria se conoce con mayor plenitud.

Nuestra perspectiva del Cielo

Lo que hemos dicho hasta aquí sirve para recordarnos que el Cielo no existe principalmente para nuestro beneficio. Su propósito primordial no es hacernos felices, ofrecernos una serie de placeres ni proporcionarnos una eternidad de bienestar. Hará todas estas cosas, como veremos; pero esa no es la razón por que Dios creó el Cielo y no por eso llevará al Cielo a su consumación gloriosa cuando Cristo regrese. El Cielo existe para la propia gloria de Dios.

Es fundamental que esto quede perfectamente claro antes de que sigamos adelante. Si no lo está, todo nuestro concepto del Cielo estará envenenado con egocentrismo. Tendremos una perspectiva degradada, solo nos interesará el Cielo por lo que esperamos conseguir de él; y eso es una profunda equivocación. Hace poco, en un debate radiofónico, se les preguntó a los invitados, todos ellos famosos, acerca del Cielo. Aunque parezca extraño, todos creían en el Cielo y esperaban ir allí, pero ni una sola de aquellas personas mencionó la existencia de Dios. Él no venía al caso. Esa misma idea —"¿En qué me beneficio yo con eso?"— quizá esté presente en muchos de nosotros aun sin darnos cuenta.

Sin embargo, tenemos que desechar de nuestras mentes cualquiera de esas ideas considerándolas completamente indignas. El Cielo existe para la gloria de Dios. De hecho, en la Biblia, "Cielo" y "Dios" a veces se usan indistintamente. El hijo pródigo le dijo a su padre: "Padre, he pecado contra el Cielo y contra ti" (Lucas 15:21), queriendo decir que, además de deshonrar a su padre, había pecado contra Dios. Cuando Mateo habla del "reino de los cielos" se está refiriendo al Reino de Dios. El Cielo existe para Dios y, aparte de Dios, no tiene ningún sentido. No debemos, ni por un momento, pensar en el Cielo aparte de Él. Únicamente estaremos sanos, a salvo y conformes a la Biblia en nuestros estudios si este concepto está situado justo a la cabeza de nuestro pensamiento: el Cielo es para Dios y su gloria.

¿Qué impacto tiene esto en ti? ¿Te parece lejano? ¿Demasiado teórico? Tenemos aquí una valiosa prueba de nuestra situación espiritual. Ansías oír acerca de lo que disfrutarás en el Cielo, sus placeres y deleites. Dios y su gloria no importan demasiado. Pero piensa por un momento. Si no te interesa la gloria de Dios, no te interesa la razón por que este universo fue creado. No te interesa la realidad más importante que existe. Necesitas postrarte ante Dios y confesar tu ceguera: "Oh, Señor Dios, soy tan insensible a ti que ni siquiera me importa la cosa más importante del universo. Estoy avergonzado y arrepentido por el hecho de que el pensamiento de tu gloria no me cautiva como debiera. Perdona mi pecado. Dame un corazón renovado y una perspectiva fresca, te ruego".

LA PRESENCIA DEL CIELO

Si eres creyente, ¿no te estremece pensar en la gloria de Dios? ¿No te llena de deleite meditar en que, en este mismo momento, hay un lugar donde su gloria está brillando en perfección, ininterrumpidamente, sin sombra ni mancha? Los soldados describen cómo, en medio de los horrores de la guerra, les confortaba pensar en su hogar: un lugar de paz y felicidad donde sus seres queridos estaban seguros. Saber que ese hogar existía, seguro e inviolable, les daba fuerzas para la batalla. Del mismo modo nosotros podemos hacer un alto en las luchas y las desilusiones de la vida, y alabar a Dios por que en algún lugar, aun ahora, el Cielo es una realidad.

La gloria tampoco está confinada a ese reino invisible. Podemos contemplar este mundo manchado por el pecado y regocijarnos en que descienden haces de la gloria del Cielo y envían su luz, cada vez más, a las vidas del pueblo de Cristo. Puesto que el Cielo está creado para la gloria de Dios, sin duda se desprende que tenemos un avance del Cielo instalado dondequiera que se vea la gloria de Dios. Su obra salvadora en un corazón humano lo manifiesta de una manera contundente. Como dice Matthew Henry: "La gracia es el comienzo de la gloria". Si tienes la gracia en tu corazón, entonces la gloria ha comenzado en tu corazón

Y la gloria puede verse en lugares extraños y terribles. El sufrimiento puede ser glorioso, así como la debilidad y la muerte. ¿Recuerdas la oración de nuestro Señor cuando predijo su "hora" de sufrimiento, que iba a ser clavado a la Cruz? "Padre, glorifica tu nombre" (Juan 12:28). El Calvario fue una demostración de gloria. A Pedro se le dijo que glorificaría a Dios, y esta promesa no se refería a sus milagros ni a su predicación, sino a su muerte (Juan 21:19). Podemos ver el Cielo desde la cama de un hospital, en el rostro de un creyente moribundo; podemos ver el Cielo en un cristiano fiel, luchando contra las dificultades día tras día.

De hecho, nuestro gran privilegio es empezar a vivir la vida del Cielo aquí, en la Tierra, para que la gente pueda ver el Cielo en nosotros, pues Pablo dice: "Si, pues, coméis o bebéis, o hacéis otra cosa, hacedlo todo para la gloria de Dios" (1

Corintios 10:31). Podemos mostrar el Cielo en nuestro lugar de trabajo, en nuestros hogares, al sentarnos y adorar con nuestras familias. Podemos mostrar el Cielo con una bondad y paciencia propias de Cristo, con honradez y mansedumbre. "La gracia es el comienzo de la gloria" y, dondequiera que se aprecie la gracia, se ve la gloria de Dios y allí está el Cielo.

En cierta medida, podemos vivir en el Cielo en el momento presente, pues se encuentra en cualquier lugar donde nos encontremos con Dios. Tras una de las experiencias supremas de su vida, Jacob exclamó: "Ciertamente Jehová está en este lugar [...]. No es otra cosa que casa de Dios, y puerta del cielo" (Génesis 28:16?17). Aquí, en la Tierra, todos podemos experimentar el Cielo a diario. Dondequiera que estemos, puede ser, verdaderamente, la casa de Dios. Al leer estas palabras, puedes detenerte y estar ante la puerta del Cielo. Oremos para que la gloria de Dios en Cristo pueda llenar nuestros corazones, nuestras mentes y nuestras vidas de tal manera, que podamos habitar en el Cielo, ahora y para siempre.

NOTAS

[1] *Works* (Obras), Vol. 2, pp. 94-121.

[2] *Works* (Obras), Vol. 12, p. 90 (Londres: Banner of Truth 1966).

[3] *Works* (Obras), Vol. 1, p. 120.

7
El Cordero es la lumbrera del Cielo

ALGUNAS DESCRIPCIONES BÍBLICAS del Cielo son bastante difíciles de entender, y esto se debe a que se utiliza un lenguaje simbólico. Las realidades a las que se hace referencia sobrepasan en tanto nuestra experiencia que Dios emplea metáforas e imágenes para que podamos hacernos una idea de cómo será el Cielo. Tomemos, por ejemplo, Apocalipsis 21, donde "la ciudad santa de Jerusalén" (cf. versículo 10) se describe como un cubo enorme, de más de 2400 km de largo, ancho y alto. "La ciudad —se nos dice— era de oro puro, semejante al vidrio limpio" (versículo 18). Tenía doce puertas de perla y "un muro grande y alto" (versículo 12) hecho de jaspe, con doce cimientos "adornados con toda piedra preciosa" (versículo 19). ¡Qué descripción tan intrigante y sugerente! Atrae nuestra imaginación, nuestro sentido de la belleza y la maravilla, pero debemos admitir que es misteriosa al mismo tiempo. Atrayente, sí, pero difícil de visualizar.

Sin embargo, la manera favorita que tiene la Biblia de describir el Cielo no es difícil de entender en lo más mínimo, sino tan clara que un niño puede comprenderla. En el Nuevo Testamento, el Cielo significa estar con Jesús. En una ocasión el Señor se dirige a sus inquietos discípulos y los tranquiliza acerca de un futuro que parece incierto y amenazador. ¿Cómo lo hace? ¿Con qué detalles de la vida venidera intenta aliviar sus ansiedades y mantener la esperanza viva en sus corazones? "Vendré otra vez —dice— y os tomaré a mí mismo, para que donde yo estoy, vosotros también estéis" (Juan 14:3). Es una afirmación muy sencilla y, sin embargo, lo abarca todo. "En el mundo venidero, estaréis conmigo", es lo único que les dice acerca del Cielo; pero no se necesitan más detalles, pues esto es suficiente. De un modo parecido, en su gran oración sacerdotal, hace una petición a favor de sus seguidores: "Padre, aquellos que me has dado, quiero que donde yo estoy, también ellos estén conmigo" (Juan 17:24). "Conmigo"; aquí se halla la plenitud de bendición, la suma de gloria. El ladrón moribundo que se acercó a la fe mientras estaba colgado en una cruz, recibió la misma promesa, levemente ampliada: "Hoy estarás conmigo en el paraíso" (Lucas 23:43). El mensaje es sencillo: "Estaréis conmigo". Aparte y por encima de todas las cosas, el Cielo significa estar con Jesús.

Es interesante el hecho de que el Nuevo Testamento no mencione en ningún lugar que los creyentes vayan "al Cielo" al morir. En vez de eso, van a "estar con Cristo". Pablo escribe desde la prisión a los cristianos en Filipos, explicándoles cuánto ansía la vida venidera, "teniendo deseo de partir" de esta existencia presente. ¿Pero cuál, o quién, es el atractivo en aquel reino futuro? Al parecer, el Cielo de por sí no lo es mucho. El deseo más grande del Apóstol es "partir y estar con Cristo, lo cual es muchísimo mejor" (Filipenses 1:23). "Estar ausentes del cuerpo" es, por encima de todo lo demás, estar "presentes al Señor" (2 Corintios 5:8). Para Pablo, el Cielo significa Jesucristo, de tal manera que el lugar y la Persona son casi equivalentes. Así como el Cielo es a menudo sinónimo de la gloria de Dios, también está inextricablemente identificado con el Hijo de Dios, en quien es revelada su gloria.

¿Por qué estar con Cristo es un componente tan central del Cielo? ¿Por qué puede decir Juan de la ciudad santa: "su luz es el Cordero" o mejor, "su lumbrera" (Apocalipsis 21:23)? ¿Por qué este acento en la asociación entre el Señor Jesucristo y el mundo venidero? Sabemos que el Cielo es su hogar. Sabemos que descendió del Cielo a la Tierra y que fue al Cielo a donde regresó después de su resurrección. Pero debe de haber algo más que esto para que se establezca la relación. Examinemos varias razones por que Cristo y el Cielo están tan íntimamente unidos.

Cristo nos lleva al Cielo

La primera razón es que quien nos lleva al Cielo es Cristo. Siendo esto así, no podemos pensar en el Cielo sin pensar en Aquel que es responsable de que estemos allí. Los dos son inseparables.

La gran pregunta práctica en todo nuestro estudio del Cielo es: ¿cómo nosotros, que somos pecadores, podemos alcanzar este lugar maravilloso? Como se nos recordará más tarde, es donde la felicidad humana será, por fin, hecha perfecta. Ya hemos visto que es el ámbito donde la gloria de Dios brilla con un esplendor luminoso, la morada del Dios supremo. Sin duda, pues, es obvio que jamás podremos ganarnos el Cielo por nuestros méritos ni alcanzarlo con nuestros propios esfuerzos. Pensemos en nuestros pecados, que son innumerables y graves. Nos incapacitan completamente. El Cielo es un lugar santo y jamás entrará allí nada que lo profane (Apocalipsis 21:27). Tú y yo lo contaminaríamos. Pensemos en la debilidad y en las limitaciones de nuestro entendimiento. ¿Cómo podrían soportar nuestros espíritus desnudos el resplandor no creado de la presencia de Dios? Nosotros, que somos criaturas finitas, seríamos aniquilados. La gloria de Dios nos arrollaría. Estaríamos perdidos.

¿Cómo podemos suponer que, intentándolo con todas nuestras fuerzas, podríamos alguna vez llegar a ser dignos de cruzar el abismo entre la Tierra que está maldita y el Cielo que está libre de pecado? Sin embargo, la idea de que los humanos pueden merecer la vida eterna es casi universal. Esta es la presuposición sobre la que trabajan otras religiones. Es la esperanza incoherente del hombre de la calle. Las personas piensan que, de alguna manera, es natural y adecuado que vayan al Cielo. Creen, a pesar de toda la evidencia, que tienen derecho a la felicidad eterna. Si se pone en duda su gozoso destino, se sienten dolidas y ofendidas. Pero el más pequeño vistazo a la gloria del

Cielo ridiculizaría cualquier idea semejante. En un instante veríamos lo indignos que somos de estar allí, veríamos nuestra completa incapacidad para existir en aquel lugar santo. Antes podría aspirar un gusano a ser cirujano cerebral, que un pecador esperar costear con su trabajo su propio pasaje a la gloria. No hay esperanza, ni en nosotros mismos ni por nosotros mismos, de que alguna vez alcancemos el Cielo; no importa lo que hagamos, no importa cuán enérgica y persistentemente nos afanemos. ¡Jamás ocurrirá! Solo hay un camino, y es por medio del Señor Jesucristo. Él dice: "Yo soy el camino, y la verdad, y la vida; nadie viene al Padre, sino por mí" (Juan 14:6). Él es el único camino posible por el que podemos entrar en el Cielo.

Sabemos cómo nos lleva allí. Nos redime por medio de su muerte. Vino a la Tierra para que quienes creyeran en Él no se perdieran, sino que tuvieran vida eterna (cf. Juan 3:15). Él es el Cordero de Dios que quita el pecado del mundo (cf. Juan 1:29). Fue castigado por nuestros pecados en su propio cuerpo en el Calvario, en ese momento pagó completamente por nuestras transgresiones y satisfizo la Justicia de Dios. La muerte de Cristo en la Cruz abrió las puertas del Cielo para los pecadores. "El Cielo —dice Richard Baxter— es el fruto de la sangre del Hijo de Dios; sí, el fruto principal[1]".

El Señor Jesús también nos lleva al Cielo haciéndonos santos, equipándonos para vivir la vida eterna. Él ha provisto una Justicia perfecta para todo su pueblo. En su humanidad sin pecado guardó la Ley de Dios de manera intachable, y a cada uno de nosotros se nos da el atuendo blanco y sin mancha de su obediencia cuando creemos en Él. Ahora que ha resucitado y se encuentra a la diestra del Padre, continúa cambiándonos por su Espíritu. Día tras día crecemos en gracia, acercándonos aún más en nuestras nuevas naturalezas a la semejanza de Cristo. No solo tenemos derecho al Cielo por medio de su muerte, sino que también somos aptos para el Cielo por su Justicia.

En tercer lugar, nos lleva al Cielo manteniéndonos en el camino por medio de su ministerio presente. Esta doctrina se ha desatendido, pero necesitamos ser conscientes de que ninguno de nosotros podría seguir adelante con la vida cristiana ni por un segundo si no fuera porque, a cada instante, el Señor

Jesucristo está intercediendo por nosotros ante el Padre en el Cielo, sosteniéndonos con su Espíritu. Si Él apartara su mano de nosotros, caeríamos de inmediato. A veces hablamos de la perseverancia de los santos como si esta fuera una cualidad innata depositada en nosotros, una constancia nueva que nos capacita para mantenernos firmes en la fe. Pero no es ese el caso. Nuestra perseverancia es posible porque Jesús nos sostiene y nos guarda cada segundo de nuestras vidas. Perseveramos únicamente porque Él nos está preservando.

Nuestro misericordioso y fiel Sumo Sacerdote es capaz de socorrernos cuando somos tentados. Podemos acercarnos confiadamente al trono de la gracia para alcanzar misericordia y hallar gracia para el oportuno socorro. Puede salvar perpetuamente a quienes se acercan a Dios por medio de Él, pues siempre vive para interceder por ellos (cf. Hebreos 2:17,18; 4:16; 7:25). Si eres cristiano, Él te está llevando al Cielo al leer estas palabras. Aunque Satanás desee zarandearte como a trigo, el Señor Jesús ora por ti, para que tu fe no falte (cf. Lucas 22:31?32).

¿No es emocionante y alentador pensar en el ministerio presente de Cristo, en cómo nos está guardando y llevando al Cielo? Toda potestad le ha sido dada a Él (cf. Mateo 28:18). Él es el Rey del universo, cabeza de su Iglesia sobre todas las cosas y, por tanto, puesto que Él controla todo y a todos, sus propósitos se cumplirán inexorablemente, su obra debe demostrar su eficacia. Es cierto que cada hijo de Dios alcanzará el Cielo, pues Él mismo dice: "Yo les doy vida eterna; y no perecerán jamás, ni nadie las arrebatará de mi mano" (Juan 10:28).

"De mi mano". Fíjate en lo que implica. Si estás en una calle abarrotada con una niña pequeña, ¿cuál es la mano que sostiene? ¿La niña sostiene tu mano o tú sostienes la suya? La respuesta es obvia. En cualquier momento ella puede escaparse y meterse en medio del tráfico, pero tú no dejarás de agarrarla. Sostienes, pues, firmemente la mano de la niña en tu propia mano y sabes que está segura. Por eso Asaf, uno de los salmistas, estaba seguro de que llegaría al Cielo. No era porque se había agarrado a Dios de una manera especialmente segura, sino más bien porque él mismo estaba sostenido por el Señor poderoso. "Me tomaste de la mano derecha —dice—. Me has guiado según tu consejo, y después me recibirás en gloria" (Salmo 73:23,24). "[Tú] me tomaste". Gracias a Dios por ese pronombre de segunda persona. ¿Dónde estaríamos si todo dependiera de que nosotros nos asiéramos del Señor? Pero Él nos sostiene. Quien nos lleva al Cielo es Jesús.

Mi padre tenía un amigo que era millonario. No siempre había sido millonario, pues cuando eran jóvenes ambos habían sido pobres; pero después de hacerse rico, su amistad continuó. Consideraba a mi padre como su mejor amigo, el único hombre que no quiso nada de él, que lo quería simplemente por él mismo. En una ocasión, sin embargo, convenció a mi padre de que aceptara un regalo. Eran unas vacaciones, en las que quería compañía. A principios de los años 50, los dos hombres viajaron en trasatlántico cruzando el Atlántico hasta los Estados Unidos y, después, por todo aquel país. Era un viaje poco corriente para aquellos tiempos, la experiencia única de toda una vida. Después de aquello, al hablar de aquel viaje, mi padre rara vez decía: "Cuando fui a América". Normalmente era: "Cuando estuve con Noble". El viaje fue tan plenamente el regalo y la provisión de su amigo, que no podía pensar en ello sin recordar a aquel que lo hizo posible.

Y nosotros nunca deberíamos pensar en el Cielo separándolo de Jesús, porque se lo debemos a Él completamente, en cualquier forma que podamos concebir. En palabras de Richard Baxter: "Dejemos, pues, escrito en el suelo del Infierno: 'Lo merecido', pero en la puerta del Cielo y de la vida: 'El regalo gratuito'[2]". ¿Cómo, pues, podemos distinguir entre el regalo y el Dador? Cristo es central, porque solo Cristo es quien nos lleva al Cielo.

En el Cielo se ve a Cristo claramente

En segundo lugar, Cristo es central en la doctrina del Cielo porque el Cielo es el lugar donde, por primera vez, veremos a Cristo claramente. Como creyentes, en este momento estamos "en Cristo". Al estar unidos a Él por medio de una unión íntima e inquebrantable, somos "miembros de su cuerpo" (Efesios 5:30), pero nuestra experiencia cristiana en esta Tierra está lejos de ser perfecta, y un aspecto de su falta de plenitud es que aún no vemos a nuestro Salvador. El Nuevo Testamento hace referencia a menudo a su invisibilidad presente. "La fe —se nos dice— [es] la convicción de lo que no se ve" (Hebreos 11:1). Pedro describe a Cristo como aquel "a quien amáis sin haberle visto" (1 Pedro 1:8). Y el Señor mismo promete bendición para "los que no vieron, y creyeron" (Juan 20:29). Confiamos en Cristo, pero jamás lo hemos visto.

A veces casi parece que lo vemos. Durante una crisis o un período de prueba, quizá clamemos al Señor Jesús en nuestra desesperación y sintamos que se acerca de manera especial para dar respuesta a nuestra oración. O cuando somos movidos a la adoración, cuando el Espíritu de Dios está obrando intensamente en nuestros corazones, podemos elevarnos a lugares celestiales y el velo que lo oculta de nosotros se torna, por un momento, casi transparente. Samuel Rutherford estaba pensando en momentos así cuando escribió: "Cuando Cristo viene no se detiene mucho tiempo pero, sin duda, el soplo de su aliento sobre una alma necesitada es el Cielo en la Tierra". Quizá experimentemos estos momentos —el "soplo de su aliento"— pero, tristemente, son demasiado escasos. Anhelamos ver a nuestro Señor de manera más clara y permanente, ser capaces de penetrar en la nebulosa de la fe y contemplarlo sin interrupción.

En el Cielo contemplaremos a nuestro Salvador y ya no seremos más "los que no vieron". Job, una de las figuras más tempranas del Antiguo Testamento, estaba convencido no solo de que "mi Redentor vive", sino de que "en mi carne he de ver a Dios" (Job 19:25?26). Isaías prometió que "tus ojos verán al Rey en su hermosura" (Isaías 33:17). Pablo anticipa una visión futura más clara que proporciona la fe presente: "Ahora vemos por espejo, oscuramente; mas entonces veremos cara a cara" (1 Corintios 13:12). Y Juan, en el texto clásico sobre esta cuestión, nos asegura que "le veremos tal como él es" (1 Juan 3:2). El Cielo es el lugar donde tú y yo veremos a Cristo de manera plena y clara por primera vez. Miraremos su rostro y contemplaremos su belleza inmaculada.

¿Qué significa para ti saber que verás a tu Salvador glorificado? ¿Despierta una punzada de anhelo en tu corazón? Será una experiencia imponente. Juan era el discípulo amado, el amigo terrenal más íntimo que tenía Jesús. Conocía bien al Señor, acostado en su pecho, confiado en Él sin reservas. Sin embargo, cuando vio a su Maestro en el Cielo, "[cayó] como muerto a sus pies" (Apocalipsis 1:17). Con Pedro y Santiago había tenido un primer destello de la gloria, y Pedro habló por todos ellos cuando dijo: "Señor, bueno es para nosotros que estemos aquí" (Mateo 17:4). ¿Diremos nosotros lo mismo cuando veamos al Rey? ¿Cómo de "bueno" lo percibiremos?

Nuestro Señor quiere que le veamos, pues oró: "Padre, aquellos que me has dado, quiero que donde yo estoy, también ellos estén conmigo, para que vean mi gloria que me has dado" (Juan 17:24). Está expresando un deseo humano tan natural, que conmueve; porque nosotros queremos que nuestros amigos y nuestra familia nos vean en nuestro mejor momento. Cuando conseguimos una cosa o recibimos un premio, nos gusta que estén allí. El disfrute de los niños cuando reciben un premio por los trabajos escolares o por competir en el día del deporte se intensifica cuando saben que sus padres están mirándolos. Aquí, pues, es casi como si el Señor Jesús estuviera diciendo: "Padre, hay tanto de mí que no han visto mis discípulos. Deseo que me vean en mi mejor momento. Quiero mostrarles quién soy en realidad. Quiero que les muestres toda mi gloria".

Y cuando veamos a nuestro Salvador, el amor, la admiración y la adoración nos sobrecogerán. Clamaremos en adoración: "Dulce es la voz tuya, y hermoso tu aspecto [...]. Mi amado es [...] señalado entre diez mil [...], todo él codiciable" (Cantares 2:14; 5:10,16). Los creyentes ya han visto parte de la belleza de Cristo. Para nosotros, aun ahora es "el más hermoso de los hijos de los hombres" (Salmo 45:2). Pero no hemos visto nada en comparación con lo que descubriremos de todo su amor y su gloria, y estaremos llenos de gratitud y asombro. El Sr. Perseverancia, de Juan Bunyan, justo antes de morir, se regocija en que: "Ahora voy a ver esa Cabeza que fue coronada con espinas y ese rostro al que escupieron por mí. Hasta ahora he vivido de oídas y por fe, pero ahora voy a un lugar donde viviré por vista y estaré con Él, en cuya compañía me deleito".

En una célebre analogía, Samuel Rutherford compara nuestra experiencia en el Cielo con el deleite de una novia el día de su boda. ¿Qué es lo que más la emociona? ¿Su vestido? ¿Las flores? ¿Los invitados? Ninguna de estas cosas. "La novia no se deleita tanto, ni con mucho, en su vestido de boda como en su esposo; así nosotros, en la vida venidera [...] no estaremos tan conmocionados por nuestra gloria como por el rostro gozoso y la presencia del esposo[3]". Por eso la Biblia, cuando nos habla del Cielo, nos habla de Cristo. Él es a quien deseamos ver allí.

CRISTO: EL NÚCLEO DE LAS BENDICIONES DEL CIELO

¿Pero qué pasa una vez que hayamos entrado en el Cielo? Estaremos agradecidos, por supuesto, de que Cristo nos haya llevado al Cielo. Verlo por nosotros mismos supondrá un gozo que no se puede expresar con palabras. ¿Pero qué ocurre después de eso? ¿Pasaremos a alguna otra cosa? ¿Es posible que, habiendo dado gracias a Cristo y habiéndole adorado, estemos preparados para pasar a otras cosas y lo dejemos atrás para dedicarnos a explorar todas las maravillas que el Cielo encierra? Una vez salvos, ¿finalizaremos con el Salvador?

¡Nunca! Es impensable. Porque Cristo es el núcleo de todas las bendiciones celestiales. Para entender esto debemos adentrarnos por un momento en el ámbito de la Teología del pacto. Quizá parezca un término intimidatorio pero es, fundamentalmente, una verdad clara y conmovedora. El pacto es el medio a través del cual Dios lleva a su pueblo al Cielo, y en el núcleo del pacto se encuentra la idea de un Representante. Dios trata con los seres humanos a través de una cabeza del pacto, un mediador, alguien que actúa en nuestro favor.

Una de las ilustraciones más brillantes de la Teología del pacto es la que utiliza el famoso puritano Thomas Goodwin. En su exposición titulada *Christ Set Forth* (Cristo explicado), explica que "Adán fue considerado una persona pública corriente, no solo por él mismo, sino por representar a toda la Humanidad que proviene de él". A este respecto era un tipo de Cristo, quien también es una figura representativa. Por esta razón, el apóstol Pablo, en 1 Corintios 15:47, habla de Adán y Cristo como "el primer hombre" y "el segundo hombre", respectivamente. "Habla de ellos —dice Goodwin— como si nunca hubiera habido más hombres en el mundo, ni nunca los fuera a haber en adelante, a excepción de estos dos. ¿Y por qué? No por otra cosa sino porque estos dos hombres tenían al resto de los hombres colgando de su ceñidor[4]".

¿Puedes visualizar la imagen que nos dibuja Goodwin? Él imagina dos gigantes enormes, uno llamado Adán y otro Cristo. Cada uno de ellos lleva un enorme "ceñidor" de piel —o cinturón— con millones de pequeños ganchos. Tú y yo, y toda la Humanidad, estamos colgando o bien del cinturón de Adán, o bien del cinturón de Cristo. No hay una tercera opción, no hay ningún otro lugar para nosotros. Y Dios trata con nosotros solo por medio de Adán o por medio de Cristo. Si estás colgado del cinturón de Adán, compartes la experiencia del Adán pecador y caído, y toda tu relación con Dios se efectúa a través de él. Pero si estás colgado del cinturón de Cristo, todo el trato de Dios contigo es por medio de Cristo. Cuando recibiste a Jesús como tu Salvador te viste envuelto en una transferencia masiva y momentánea. El Todopoderoso mismo te descolgó del cinturón de Adán y te colgó del de Cristo. Ahora tienes, pues, una Cabeza diferente, un Mediador distinto, un nuevo Representante. Has pasado de Adán a Cristo y, mientras que antes Dios trataba contigo solo por medio de Adán, ahora solo lo hace por medio de su Hijo. Estás en Cristo para siempre y de manera inalterable.

Esta unión con Cristo subyace en cada aspecto de la vida cristiana. Es la razón por que un creyente verdadero nunca puede apartarse de la fe de manera permanente. ¿Cómo puede alguien que pende del cinturón de Cristo separarse y perderse? Está en el núcleo de nuestro crecimiento en santidad, pues la santificación se basa en la unión con Cristo en su muerte y resurrección. Tal es el razonamiento de Pablo en Romanos 6: "Moristeis con Cristo y habéis resucitado con Él. Ya no estáis más en Adán. Vivid en consecuencia". ¿Por qué sufre el pueblo de Dios en este mundo? Por nuestra unión con Cristo. Como Pablo lo expresa: "Abundan en nosotros las aflicciones de Cristo" (2 Corintios 1:5). La muerte misma, ese divisor brutal entre el alma y el cuerpo, no puede amenazar nuestra unión con el Señor, porque los creyentes "durmieron en Cristo" (1

Corintios 15:18). Después, ¿cuál es la fuente de nuestra resurrección? Cristo, quien "primicias de los que durmieron es hecho" (1 Corintios 15:20). Nuestra unión con Cristo es absolutamente fundamental para todo esto. Cada oración que hacemos y cada respuesta que recibimos son por medio de Jesucristo. Cada bendición que Dios nos concede y todo el perdón que obtenemos vienen únicamente por medio de Cristo. Él es nuestro único camino para aproximarnos a Dios.

Ahora bien, ¿terminará esta unión en el Cielo? ¿Va a romper el Padre ese lazo y a soltarnos del Salvador? ¿Es probable que diga: "Bueno, era importante para vosotros que estuvieseis en Cristo mientras estabais en la Tierra, pero eso ya no tiene importancia"? Hacer la pregunta es responderla. El Padre "nos bendijo con toda bendición espiritual en los lugares celestiales en Cristo" (Efesios 1:3). En el Cielo aún será nuestra Cabeza, nuestro Mediador, nuestro Representante. Alabado sea Dios, penderemos para siempre del cinturón del Salvador. En palabras de Thomas Boston: "Puesto que la unión entre Cristo y los santos nunca se disuelve, sino que continúan siendo sus miembros para siempre; y los miembros no pueden tener vida sino desde su cabeza [...]. Jesucristo, por tanto, seguirá siendo el lazo de unión eterno entre Dios y los santos; de quien, por consiguiente, brotará su vida eterna[5]".

Alcanzaremos el Cielo únicamente porque estamos en Cristo. Pero es igualmente cierto que permaneceremos en el Cielo solo porque aún estaremos en Cristo. En la gloria dependeremos de Él tanto como siempre. Significará aún más para nosotros de lo que significa ahora.

Aclaremos este punto con dos verdades más.

Cristo continuará revelándonos a Dios

Se nos ha prometido que los limpios de corazón verán a Dios (cf. Mateo 5:8). ¿Pero qué significa ver a Dios? ¿Cómo podemos ver a Aquel que "es Espíritu" (Juan 4:24)? Sin duda, en el Cielo la nueva percepción de la naturaleza divina y de las perfecciones será tal, que ahora no podemos imaginarlo. Thomas Boston se refiere a ello como una "visión" mental: "No con sus ojos corporales, ante los cuales Dios es invisible (cf. 1 Timoteo 1:17), sino con los ojos de su entendimiento; al estar bendecidos con el más perfecto, pleno y claro conocimiento de Dios —y de las cosas divinas— de lo que la criatura sea capaz. Esto se denomina visión beatífica y es la perfección del entendimiento[6]". En el centro de la visión estará Dios el Padre, porque "también el Hijo mismo se sujetará al que le sujetó a él todas las cosas, para que Dios sea todo en todos" (1 Corintios 15:28).

No obstante, no deberíamos rechazar completamente la idea de una visión física. Ni tampoco deberíamos separar la visión del Padre de la presencia y la Persona del Hijo; porque la evidencia parece señalar hacia su continuo ministerio como el revelador de la Divinidad. En el Cielo Cristo sigue siendo el Verbo, sigue siendo el Mediador entre Dios y el Hombre.

John Owen se ocupa de esta cuestión en su obra acerca de la disposición espiritual y sus comentarios dan que pensar. Él define la visión beatífica como "una comprensión intelectual de la naturaleza divina y de las perfecciones —con amor inefable— de tal cariz, que le proporciona al alma el descanso y la bendición más grandes que sus capacidades puedan abarcar". Pero tal perspectiva quizá parezca abstracta e intangible para muchos creyentes. Estas cosas "están por encima de las capacidades de los cristianos corrientes: no saben cómo tratarlas en sus mentes, ni cómo ejercitar sus pensamientos acerca de ellas. No pueden reducirlas a una utilidad presente". Sin embargo, dice: "La Escritura nos proporciona otro concepto del Cielo y de la gloria". El Cielo es el lugar donde la fe se convierte en vista. "¿Cuál es, pues, el propósito principal y presente de la fe, en la cual tiene cabida el triunfo de la vista? Las excelencias de la naturaleza divina, infinitas e incomprensibles, no se proponen en la Escritura como el objetivo inmediato de nuestra fe". Antes bien, el objetivo inmediato de nuestra fe aquí es la manifestación de esas excelencias en Cristo. Y esa fe se convertirá en vista. En otras palabras, el propósito de nuestra fe aquí será el propósito de nuestra vista más tarde. "La gloria del Cielo [...] es la manifestación plena, abierta y perfecta de la gloria de la sabiduría, la bondad y el amor de Dios en Cristo[7]". Como Cristo, pues, es el revelador principal de Dios en el Cielo, veremos a Dios de manera suprema en Él.

Juan, el Apóstol, nos dice que: "La ciudad no tiene necesidad de sol ni de luna que brillen en ella; porque la gloria de Dios la ilumina, y el Cordero es su lumbrera" (Apocalipsis 21:23). El Cordero es el que porta la luz y cuando miramos al Cordero vemos la gloria de Dios. Cristo es fundamental en el Cielo porque nos revela a Dios. En el Cielo adoraremos a Dios en la plena manifestación de sus perfecciones, especialmente en la persona gloriosa de su Hijo.

La redención está en el núcleo de la Gloria

Una de las partes más "celestiales" de la Escritura es el libro de Apocalipsis, y Cristo está muy presente. Una imagen característica de Él en ese libro es la de "el Cordero": "Después de esto miré, y he aquí una gran multitud, la cual nadie podía contar [...] delante del trono y en la presencia del Cordero [...], la salvación pertenece a nuestro Dios que está sentado en el trono, y al Cordero [...]; el Cordero que está en medio del trono los pastoreará" (Apocalipsis 7:9, 10, 17). Cristo, el Cordero, está en medio de todo: "En medio del trono y de los cuatro seres vivientes, y en medio de los ancianos, estaba en pie un Cordero como inmolado" (Apocalipsis 5:6). Él es quien recibe una adoración extasiada por parte de "millones de millones, que decían a gran voz: El Cordero que fue inmolado es digno de tomar el poder, las riquezas, la sabiduría, la fortaleza, la honra, la gloria y la alabanza" (Apocalipsis 5:11,12).

¿Por qué este acento en Jesús como el Cordero de Dios? Porque la redención de los pecadores está en el núcleo de la gloria. Dios se revela a sí mismo de manera perfecta en el Cielo. Todos sus atributos se manifestarán en su totalidad allí. Pero su propósito supremo es "mostrar en los siglos venideros las abundantes riquezas de su gracia en su bondad para con nosotros en Cristo Jesús" (Efesios 2:7). La salvación es en lo que "anhelan mirar los ángeles" (1 Pedro 1:12) y la razón por que alaban al Señor por encima de todas las cosas.

Esto es impactante, pasmoso. Nos hace desear caer de rodillas en asombrada adoración. La gloria de las glorias en el nuevo Cielo y en la nueva Tierra será el amor de Dios hacia los pecadores en Cristo Jesús. Llegará un día en que el creyente más frágil e insignificante moverá a los ángeles y a los redimidos a alabanza eterna por la gracia y la misericordia de Dios. Nos miraremos los unos a los otros y adoraremos a Dios nuestro Salvador por su bondad inmaculada. Y todo será en Cristo, todo por causa del Cordero de Dios que quita el pecado del mundo (cf. Juan 1:29).

Lo que es casi tan maravilloso es reflexionar acerca de nuestro estado en Cristo, las asombrosas alturas de bendición a las que nos elevará. En el Cielo veremos al Señor nuestro Salvador exaltado por encima de todas las cosas, pero esa supremacía, esa imponente grandiosidad, no lo apartará de nosotros. No se convertirá en alguien distante, inefablemente remoto. Recuerda nuestra Teología del pacto, nuestra unión con Cristo. Estamos "en Él" y en su exaltación nosotros también somos exaltados.

¿Has pensado alguna vez en eso? Estás en Cristo para siempre. Siempre estarás donde Él esté. Su gloria será tu gloria. Por eso Él mismo dice: "Al que venciere, le daré que se siente conmigo en mi trono" (Apocalipsis 3:21). En palabras de Pablo, somos "herederos de Dios y coherederos con Cristo" (Romanos 8:17). El diablo sabía que estaba mintiendo cuando le prometió a Eva: "Seréis como Dios" (Génesis 3:5); pero, de hecho, en cierto sentido habló con mayor veracidad de la que pudiera haber imaginado. La división entre criatura y Creador nunca disminuirá. Dios siempre será Dios y nosotros siempre seremos la obra de sus manos. Sin embargo, es un hecho que en Cristo estamos unidos a la segunda Persona de la Divinidad, estamos elevados a una intimidad asombrosa con el Todopoderoso.

Por eso Agustín pudo atreverse a decir de la desobediencia de Adán y Eva: "¡Oh, pecado feliz!". Quería decir que, en Cristo, los descendientes de Adán gozan de más bendiciones de las que su padre perdió. Los creyentes ascienden a alturas más elevadas que en el caso de que el hombre jamás hubiese pecado, porque Dios descendió a la Tierra, se hizo uno de nosotros y nos acercó hacia sí.

Jesucristo está en el núcleo de la gloria del Cielo. Estamos lejos de comprender lo que implica ser resucitados y exaltados en Él. Pero podemos estar seguros de esto: en el Cielo estará —y permanecerá— más cerca y más precioso para nosotros que nunca.

La muerte nos lleva a Cristo

Entender que Cristo es central en el Cielo tiene un valor enorme para nosotros aquí y ahora, porque hace que el mundo se vuelva más comprensible y atractivo. Que estaremos con Jesús es, con mucho, la verdad más importante con respecto a nuestro destino futuro. La forma en que Pablo consuela a los jóvenes creyentes en Tesalónica ejemplifica esto perfectamente. Al parecer, estaban preocupados por el hecho de que sus amigos cristianos que habían muerto se perdieran las bendiciones del regreso del Señor, y el Apóstol expone para tranquilizarlos: "para que no os entristezcáis como los otros que no tienen esperanza" (1 Tesalonicenses 4:13).

Su descripción de lo que ocurrirá es bastante detallada: "El Señor mismo con voz de mando, con voz de arcángel, y con trompeta de Dios, descenderá del Cielo; y los muertos en Cristo resucitarán primero. Luego nosotros los que vivimos, los que hayamos quedado, seremos arrebatados juntamente con ellos en las nubes para recibir al Señor en el aire" (1 Tesalonicenses 4:16,17). Hay casi más información aquí de la que podríamos haber esperado: el arcángel, la trompeta, etc. Sin embargo, mientras nosotros predecimos que la detallada descripción va a continuar, Pablo cierra el debate con un resumen glorioso: "Y así estaremos siempre con el Señor". ¿Por qué no hay más detalles? ¿Por qué no nos habla del Cielo? Lo hace. "Con el Señor. Por tanto, alentaos los unos a los otros con esas palabras" (1 Tesalonicenses 4: 17,18). ¿Qué más información necesitamos?

Y el conocimiento de que morir es estar "con el Señor" nos tranquiliza acerca de nuestra propia muerte, así como de la de otros. Peter Pan, en el libro de J.M. Barrie del mismo nombre, observa que: "Morir será una aventura tremendamente grande". Así será. A veces la perspectiva nos asusta. En nuestra fragilidad e ignorancia, el Cielo puede parecer misterioso y ajeno. Lo desconocido nos inquieta y nos resulta amenazador; pero el mundo venidero no es desconocido, porque es donde nos encontraremos con nuestro Salvador.

Si estás en Cristo, no tengas temor de la muerte. Él, que ha vencido al "postrer enemigo" (cf. 1 Corintios 15:26), está esperándote en el otro lado. En el momento que nuestras almas pasen a la gloria, veremos a Jesús. Él, que nos ha conocido y nos ha amado antes del comienzo del tiempo, nos dará la bienvenida a su presencia inmediata. No nos sentiremos extraños ni fuera de lugar, sino en casa, de una manera profunda y permanente. Sabremos que estamos donde pertenecemos y que estamos seguros para siempre.

Podemos experimentar más del Cielo en la Tierra

Puesto que el Cielo significa estar con Jesús, estar con Jesús tiene que significar el Cielo. Y podemos estar con Él ahora. Como cristianos, tenemos el inmenso privilegio de estar en comunión con Cristo diariamente, de escuchar su voz en la Biblia, de buscarle en oración, de compartir con Él nuestras inquietudes y preocupaciones, de expresarle nuestro amor y nuestra adoración. Acudimos a Cristo con peticiones para nuestras propias necesidades, para las de otros y para el avance de su Reino. De Él recibimos guía, fortaleza y consuelo. ¿No es esto un anticipo del Cielo?

¿No es dramático que cristianos profesantes tengan que ser seducidos, casi provocados a adorar a Dios? Muchos descuidan la "quietud" de la devoción personal, como si se tratara de una carga tediosa. Los cristianos actuales están dispuestos a ocuparse de casi cualquier actividad religiosa a excepción de la comunión tranquila con su Señor, considerada más un deber que un deleite. Esperan ir al Cielo, afirman estar deseándolo fervientemente; sin embargo, ¡la esencia de ese Cielo que profesan estar anhelando es esa comunión con Cristo en la que muestran tan poco interés!

Algo profundamente preocupante subyace en esta apatía espiritual. "Si no alcanzamos el Cielo antes de morir —dijo Spurgeon—, jamás llegaremos allí después de la muerte". Deberíamos pasar más tiempo en el Cielo de lo que lo hacemos. Deberíamos sacar más partido de los medios de gracia que Dios ha dispuesto para nuestro beneficio, practicar la presencia de Cristo con más entusiasmo, entrar en comunión con Él aquí, en la Tierra, de una manera aún más plena. Cuanto más rica y profunda sea nuestra amistad con Él ahora, más celestial será nuestra experiencia presente y estaremos mejor preparados para la gloria. Isaak Walton escribió sobre el puritano Richard Sibbes:

> *De este hombre bendito, solo sea hecha esta alabanza:*
> *el Cielo estaba en él, antes de que él estuviera en el Cielo.*

Que esto sea cierto en nosotros. ¡No tenemos que esperar! Podemos vivir hoy en las laderas del Cielo. ¡Y cuán distintos nos haría eso! ¿Cuánto significa el Cielo para ti? Tu relación presente con Cristo ofrece la respuesta.

Nadie puede llegar al Cielo sin Cristo

Pero quizá estés en una categoría completamente diferente. Crees que existe un lugar como el Cielo y quieres ir allí. No eres cristiano. Esto es, nunca te has arrepentido de tus pecados ni le has pedido a Cristo que te salve. Nunca le has recibido en fe como tu Señor. Sin embargo, tienes la esperanza de que, de alguna manera, de algún modo, consigas entrar en el Cielo.

Esa es una esperanza que normalmente se tiene. ¿Pero no puedes entender ahora cuán absurda e infundada es? Hemos visto que el Cielo y Cristo son, en muchos sentidos, casi sinónimos. Él es central allí, la esencia de la gloria del Cielo, Aquel que ha cerrado el Cielo para los pecadores, Aquel que revela a Dios en el Cielo. Si fuera una figura periférica en el mundo venidero, sería posible concebir el alcanzar el Cielo sin Él, pero "el Cordero es su lumbrera" (Apocalipsis 21:23).

¿Puedes verte a ti mismo explicándole a Dios por qué debería admitirte en el Cielo? "No tuve interés en tu Hijo amado —dirás—. Lo repudié, infravaloré su muerte, cerré mis oídos a sus invitaciones, desestimé sus advertencias. Jesucristo no significó —ni significa— nada para mí. En lo que a mí respecta, el hecho de que enviaras a tu Hijo a la Tierra fue innecesario, un desperdicio sin sentido. Pero en otros aspectos he intentado ser una persona honrada. Durante cierto tiempo hice todo lo que pude. Espero, pues, que Tú, oh Dios, me permitas entrar en el Cielo del Cristo que he despreciado y negado".

¿No te hace estremecer el pensarlo? ¿No oyes cuán blasfemas suenan tales palabras? Y ese es, sin embargo, en esencia, el ruego del incrédulo, y nada podría ser más necio. Sin Cristo no hay esperanza del Cielo. Ven, pues, a Él ahora. Clama al Salvador de los pecadores para que te transforme, te perdone y te reciba. Si se lo pides con todo tu corazón, Él lo hará y el Cielo será tuyo.

NOTAS

[1] *The Saints' Everlasting Rest* (El reposo eterno de los santos), p. 30 (Londres 1842, edición abreviada)

[2] *The Saints' Everlasting Rest* (El reposo eterno de los santos), p. 33, edición abreviada.

[3] Carta 21 en la edición de Andrew Bonar de *Rutherford's Letters* (Cartas de Rutherford).

[4] Goodwin: *Works* (Obras), Vol. 4, p. 31 (edición de James Nichol 1862).

[5] *Human Nature in Its Fourfold State* (La naturaleza humana en su estado cuádruple), p. 453 (Londres: Banner of Truth 1964).

[6] *Ibíd*., p. 455.

[7] *Works* (Obras), Vol. 7, pp. 336-8 (Londres: Banner of Truth 1965).

8
"Seremos semejantes a él"

AL PARECER, HABLÉ POR PRIMERA VEZ EN PÚBLICO a la edad de dos años. Mi madre lo recuerda vivamente. Estábamos teniendo una especie de fiesta con abuelos, tíos y tías, y yo era el único niño. Fue poco después de la Segunda Guerra Mundial, cuando la comida —especialmente el azúcar— aún se racionaba en el Reino Unido y el centro de atención de la comida, situado en el centro de la mesa, era un plato de bollos congelados. Yo era bastante lento con el pan y la mantequilla pero todos los demás, para mi consternación, terminaron rápidamente los suyos y empezaron a tomar los untuosos pasteles tan sumamente apetitosos. Fueron desapareciendo uno a uno del plato central. Durante un intervalo en la conversación, una vocecita chillona e indignada dijo inesperadamente: "¿Y yo?".

Algunos miembros de mi familia hacen la terrible afirmación de que no ha habido mucho cambio a lo largo de los años, y que el niño era verdaderamente el padre del hombre: codicioso y egoísta hasta la médula. Sin embargo, no es irracional para un niño —o, de hecho, para cualquiera— preguntar en ciertas circunstancias: "¿Y yo?".

Quizá nos apetezca hacer esta pregunta al pensar en el Cielo. Hemos aprendido que es el lugar donde se revela la gloria de Dios de manera suprema. Hemos visto parte de la centralidad del Señor Jesucristo allí. ¿Pero y yo? ¿Y tú? ¿Qué significará el Cielo para nosotros?

El apóstol Pablo nos anticipa con ilusión los gozos del Cielo cuando escribe que "las aflicciones del tiempo presente no son comparables con la gloria venidera que en nosotros ha de manifestarse" (Romanos 8:18). Al compartir su deleite ante esta perspectiva, podemos pasar por alto fácilmente dos de las pequeñas palabras que componen esa frase: "en nosotros". La gloria se manifestará "en nosotros", en ti, en mí y en cada persona del pueblo de Dios. La manifestación de la gloria en el Cielo será más vasta que la que se ve en Dios el Padre, Hijo y Espíritu. Los creyentes —humanos redimidos— también serán sumamente gloriosos. Será la gloria de Dios, por supuesto, no la nuestra. Nos la concederá a nosotros, y nosotros simplemente la reflejaremos. En ninguna manera será por nuestros méritos pero, sin embargo, será en nosotros donde se manifestará su gloria.

Ahora deseamos pensar en cuán gloriosos seremos en el Cielo. Juan, el discípulo amado, pone de manifiesto en su Primera Epístola la maravilla de nuestro destino por medio de una expresión clásica. Reconoce que, efectivamente, hay mucho de nuestro estado futuro que no conocemos: "Amados, ahora somos hijos de Dios, y aún no se ha manifestado lo que hemos de ser" (1 Juan 3:2). Instintivamente sabemos que eso es verdad. Aún no se nos han explicado las dimensiones completas de nuestra existencia celestial y, si se hubiera dado tal revelación, ahora no podríamos entenderla, en cualquier caso. Pero en medio de un delicioso estado de conocimiento incompleto, hay una única verdad de la que podemos estar seguros, y el Apóstol, pues, pasa luego a hacer la sorprendente declaración: "pero sabemos que cuando él se manifieste, seremos semejantes a él". "¿Y yo, y nosotros?". Seremos como el Señor Jesucristo, cuando le veamos como Él es.

"Seremos semejantes a él". ¿Qué significa esto? Consideremos lo que significa la semejanza a Cristo, en primer lugar, para nuestras almas y después para nuestros cuerpos.

NUESTRAS ALMAS HECHAS PERFECTAS

"Al morir, las almas de los creyentes —dice el Catecismo

Menor— son hechas perfectas en santidad" (Respuesta 37). Ese verbo se toma de Hebreos 12, donde el escritor describe la gloriosa compañía celestial en cuya comunión entramos siempre que nos unimos en adoración: "Os habéis acercado [...] a la ciudad del Dios vivo, Jerusalén la celestial [...], a Dios el Juez de todos, a los espíritus de los justos hechos perfectos, a Jesús [...]" (Hebreos 12:22?24). Esos espíritus de hombres y mujeres justos están en la presencia inmediata de Dios y se nos dice que han sido "hechos perfectos".

Es obvio que así tiene que ser. El Cielo es un lugar de pureza trascendente. "No entrará en ella ninguna cosa inmunda" (Apocalipsis 21:27). Las almas de los seres humanos pecadores profanarían el Cielo y, sin embargo, se nos asegura que tales almas han entrado en la gloria, lo que implica que han debido de ser santificadas completamente. Sin santidad "nadie verá al Señor" (Hebreos 12:14) y aun así, los redimidos sí le ven. Esto es posible, únicamente, porque han sido hechos perfectamente santos. La transformación tiene lugar en el momento de la muerte, cuando el alma del creyente va a estar con Cristo.

Esta es una verdad estimulante. El propósito de Dios para su pueblo es "que fuésemos santos y sin mancha delante de él" (Efesios 1:4) y, de esta manera, en el momento en que nuestras almas están a punto de entrar en su presencia, son purificadas completamente, limpiadas de todo vestigio de pecado. Por eso se nos dice de los mártires que "se les dieron vestiduras blancas" (Apocalipsis 6:11). La vestidura blanca es una señal de su pureza. Ellos "han lavado sus ropas, y las han emblanquecido en la sangre del Cordero" (Apocalipsis 7:14).

Cuando muramos, nuestras almas serán hechas perfectas en santidad. Reflexionemos sobre ese punto por un momento.

No más pecado

Tres sencillas palabras, ¡pero cuánto significado encierran! Supón que te levantaras mañana y que no hubiera cambiado nada en el mundo salvo esto: No más pecado. ¿Serían las cosas muy diferentes? ¡Por supuesto! Todo el planeta se transformaría, la vida cambiaría completamente en todos los sentidos, y sería irreconocible respecto de lo que había sido anteriormente.

Tal es la inmensa revolución que tendrá lugar en cada cristiano en el momento en que nuestras almas abandonen nuestros cuerpos y sean hechas perfectas en santidad. No más pecado. Sin duda, en las palabras del *Hamlet* de Shakespeare, esa es "una consumación a desear con devoción".

¿No es cierto que, para los creyentes, el pecado es nuestra carga más pesada, nuestra tristeza más profunda? Jamás he sido capaz de comprender por qué debería haber tal confusión en relación con la interpretación adecuada del capítulo 7 de Romanos. ¿No es evidente que Pablo está describiendo nuestros corazones, nuestras luchas cotidianas como cristianos? "No hago el bien que quiero, sino el mal que no quiero, eso hago [...]; el mal está en mí [...]. ¡Miserable de mí!" (Romanos 7:19, 21, 24). ¿Hay algo de complicado o poco corriente en estas palabras? ¿No es esta una afirmación completamente acertada de nuestra habitual y triste experiencia? "Si decimos que no tenemos pecado, nos engañamos a nosotros mismos, y la verdad no está en nosotros" (1 Juan 1:8).

Como pueblo de Dios, ya hemos sido liberados de mucha de la maldad más descarada. No somos ladrones o asesinos activos; nuestro hablar no es claramente ordinario o blasfemo; llevamos unas vidas bastante decorosas. Muchos de nuestros conocidos quizá piensen que somos buenas personas, de un carácter admirable, pero nosotros podemos mirar en nuestros corazones y ver cuál es nuestra verdadera situación.

Hay una horrible corrupción en el interior del mejor de nosotros. Somos egoístas, impuros, impacientes, poco honrados. Podemos ser crueles con quienes conocemos mejor: siendo bruscos con nuestros hijos, escogiendo deliberadamente las palabras mejor calculadas para herir a nuestro marido o a nuestra esposa, demostrando nuestro rencor con la debilidad de un amigo, de la que hemos sido conscientes tras un largo período de intimidad. Y en ese instante en que perdemos los estribos, realmente queremos herir, y nos complace ver el gesto de dolor en el rostro de un ser querido. Cuando sentimos que se nos ha tratado mal, podemos abrigar resentimiento durante horas, o aun días. A veces, cuando estamos equivocados y lo sabemos, somos demasiado orgullosos como para pronunciar estas pequeñas palabras: "Lo siento". Pronunciarlas nos ahogaría. ¡Y somos hijos de Dios!

Tampoco somos mucho mejores cuando se trata de las cosas más santas. Leemos la Biblia y no nos conmueve esa Verdad que derrite el corazón. Oramos por los perdidos porque ese es nuestro deber cristiano, pero en realidad nos preocupamos poco por ellos. Fingimos adorar al Señor cuando nuestras mentes están en otras cosas, de tal manera que, momentos después de estar alabando a Dios, a duras penas podemos recordar las palabras que estábamos cantando. Tenemos celos de otros cristianos. En vez de regocijarnos por las virtudes y los dones que Dios les ha dado, tenemos envidia y tratamos de echar abajo a nuestros hermanos y a nuestras hermanas. Los predicadores, que tienen el privilegio de proclamar el Evangelio de salvación, pueden estar congratulándose de su competente actuación en el mismo momento de la predicación. Exteriormente estamos exponiendo al Salvador, pero en nuestro interior estamos ocupados acicalando nuestros pequeños y despreciables egos.

¡Es algo vil! Cuando pensamos en ello, nos avergonzamos y nos odiamos a nosotros mismos. Sabemos que en Cristo hemos sido perdonados. Nos regocijamos en la seguridad de que su sangre nos sigue limpiando de todo pecado, pero en nuestros corazones hay una herida que no sana, un dolor en nuestra experiencia cotidiana que no cesa de palpitar. Con Pablo, cada uno de nosotros debe admitir que "el mal está en mí". "Porque mis iniquidades se han agravado sobre mi cabeza; como carga pesada se han agravado sobre mí. Hieden y supuran mis llagas, a causa de mi locura [...]. Ando enlutado todo el día [...]. Gimo a causa de la conmoción de mi corazón" (Salmo 38: 4?8).

Hasta el Cielo. Hasta ese lugar donde no habrá más pecado. Nunca más volveremos a quebrantar ninguno de los mandamientos de Dios; nunca más fallaremos a nuestro Salvador, ni causaremos daño a nadie; nunca más tendremos que suplicar nuestro perdón. Dios nos predestinó "para que [fuésemos] hechos conformes a la imagen de su Hijo" (Romanos 8:29), y lo seremos. La perfección sin pecado no es una fantasía, aunque jamás la alcanzaremos en esta vida. Pero en el Cielo seremos libres del pecado para siempre, imperturbablemente dispuestos hacia lo que es bueno. Por fin recibiremos respuesta plena a nuestra oración, esa que aquí levantamos tan a menudo y con tanta angustia: "Líbranos del mal" (cf. Mateo 6:13).

Nuestras almas perfectas disfrutarán de una nueva intimidad de comunión gozosa con Dios. Sabremos, por primera vez, lo que significa "amarle con un corazón sin pecado". No habrá sombra alguna de contrita aflicción en nuestras almas. Entre nosotros y nuestro Señor no habrá barrera alguna, ni pecado, ni una nube entre nosotros y Él.

Nuestros pecados están condenados

¿No es esto enormemente alentador en nuestra lucha presente contra nuestros pecados? Nos cansamos mucho de ellos. Cierto pecado obsesivo se ha entretejido en las fibras de nuestra personalidad y parece que no podemos librarnos de él. Hay una tentación en particular ante la cual siempre caemos. A pesar de nuestras oraciones y propósitos, nos hace caer una y otra vez. Somos conscientes de que hay mucho de sucio y burdo en nuestros caracteres que no es adecuado para que la gente decente lo vea. A veces nos sentimos tentados de vernos a nosotros mismos irremediablemente imperfectos y concluimos, desesperados, que jamás cambiaremos. Quizá aun hayamos dudado de nuestra salvación. Pero la verdad de que seremos perfectos en el Cielo es una llamada fuerte y sonora al aliento y a la esperanza. "Cobrad ánimo, hijos de Dios —dice—. Esos pecados vuestros son temporales. Ha sido pronunciada su sentencia de muerte y ya están condenados. En el momento en que vuestras almas entren en el Cielo, todos ellos dejarán de existir: desaparecerán, serán extinguidos, arrojados a las profundidades del mar".

Se cuenta la historia de un ladrón en Japón que se convirtió en cristiano. No sabía apenas nada de la Biblia, pero en el primer día del Señor después de su conversión, fue a un lugar de culto. Durante toda la semana había estado luchando con su hábito de robar, que había practicado toda su vida. Se dio cuenta de que, como nueva criatura, debía dejarlo y, aun así, no estaba seguro de que pudiera hacerlo. Robar había sido su modo de vida y no conocía otra manera de emplear su tiempo. ¿Cómo podía cambiar los patrones de comportamiento tan profundamente arraigados durante tantos años? En la pared del edificio de la iglesia a la que había entrado estaban escritos los Diez Mandamientos. El recién convertido jamás había oído hablar de ellos pero, al entrar, las primeras palabras en las que se fijaron sus ojos fueron: "No hurtarás". En su ignorancia, no se dio cuenta de que esto era un mandamiento y, en vez de eso, lo tomó como una promesa. Su rostro se llenó de alegría y en su corazón le dio gracias al Señor por esta seguridad de que sería liberado de su pecado.

¿Estaba completamente equivocado? ¿No es cierto que, en cierto sentido, cada uno de los mandamientos de Dios es también una promesa? Por supuesto, estas leyes establecen el patrón hacia el que debemos dirigirnos, pero son, además, una descripción emocionante de lo que Dios pretende hacer de nosotros. Los Mandamientos no solo nos dicen lo que Dios requiere de nosotros, sino también lo que planea para nosotros y lo que va a hacer en nosotros. Son un retrato de nuestro carácter en el Cielo. Una vez allí no tendremos ningún otro dios delante del Señor, no tomaremos su nombre en vano, no mataremos ni robaremos, no levantaremos falso testimonio. En el Cielo, amaremos al Señor nuestro Dios con todo nuestro corazón, alma, mente y fuerzas, y amaremos a nuestro prójimo como a nosotros mismos. Deberíamos enamorarnos de los Mandamientos. Deberíamos abrazarlos y regocijarnos en ellos, teniendo siempre en mente que no solo son nuestra meta presente, sino la antesala de nuestro destino. Ellos dan testimonio de lo que el Señor hará por nosotros en la gloria. Seremos puros. ¡Qué estímulo para la santidad debería ser esto!

Prepararnos para el Cielo

Si nos vamos a ir de vacaciones al extranjero, nos preparamos adecuadamente. Una persona que visitara nuestra casa el día anterior a nuestra marcha se percataría de las maletas a medio hacer, de los pasaportes y los billetes de avión, de las guías de viaje y del bronceador. No haría falta ser un genio para concluir que estamos planeando un viaje, pues las señales de una salida inmediata estarían por todas partes. Para quienes visiten nuestras vidas también debería ser obvio que nos estamos preparando para una mudanza, para vivir en otro sitio. ¿Es así? ¿Pueden nuestros amigos ver pruebas en nuestro comportamiento diario de que nos estamos preparando para el Cielo? ¿Está claro que no estamos planeando asentarnos en la Tierra, sino que tenemos un destino más glorioso en perspectiva?

Una manera importante de prepararse para el Cielo es declararle la guerra al pecado. Es ajeno a nuestra nueva naturaleza, grotescamente inapropiado a la luz de nuestro destino. Hemos muerto con Cristo y hemos sido resucitados en Él para una nueva vida. Ser conscientes de esto debería ejercer una profunda influencia en nosotros. ¿Por qué nos degradamos, por qué negamos nuestra identidad jugando con el pecado? En las palabras del Apóstol: "Todo aquel que tiene esta esperanza en él, se purifica a sí mismo, así como él es puro" (1 Juan 3:3). La esperanza del Cielo conduce inevitablemente a la búsqueda de la santidad. Como Lenski comenta: "No hay excepción alguna. Quien deja de purificarse a sí mismo ha dejado que esta esperanza decaiga en su corazón[1]".

Todo nuestro estilo de vida debería estar dominado por la esperanza del Cielo. Debería afectar nuestras actividades y ambiciones, nuestro ocio y nuestras amistades, la forma en que gastamos nuestro dinero y empleamos nuestro esfuerzo. La más larga de las vidas en esta Tierra es un tiempo muy corto para prepararnos para la eternidad.

En especial, la conciencia de un futuro sin pecado nos ayuda a enfrentar la muerte sin temor, porque sabemos que significa "estar con Cristo, lo cual es muchísimo mejor" (Filipenses 1:23). Deberíamos habituarnos a imaginar nuestras almas en la gloria, recordando que para quienes "el vivir es Cristo", "el morir es ganancia" (Filipenses 1:21). En las palabras de un viejo comentarista: "Vivir: Cristo; morir: más Cristo". Esta gozosa comprensión quita el aguijón de nuestro "postrer enemigo" (cf. 1 Corintios 15:26).

Y nos consuela respecto a nuestros seres queridos que han entrado en el Cielo antes que nosotros y quienes, en este mismo momento, se están regocijando en la presencia del Señor Jesús. No podemos escapar del dolor por la pérdida. Nos afligimos, a menudo de manera angustiosa, pero no "como los otros que no tienen esperanza" (1 Tesalonicenses 4:13). Piensa en ellos en la gloria ahora. Trata de imaginar el éxtasis de perfecta santidad. Si Dios te ofreciera devolvértelos, ¿aceptarías? Eso sería realmente cruel. Lamentamos su pérdida, pero nuestra pena se desvanece en medio de un gozo aún más grande.

John Bunyan, en *El progreso del peregrino,* narra cómo Cristiano y Esperanza entraron en la ciudad celestial: "Los vi entonces entrar por la puerta, y cómo, una vez dentro, fueron transfigurados y recibieron vestiduras que resplandecían como el oro [...], ansiaba entrar para gozar de las cosas que había visto" (*). Nuestros seres queridos están por encima del pecado. Están delante del rostro de Dios para siempre. Si pudiéramos verlos como están en este momento, desearíamos estar nosotros mismos entre ellos.

Sin embargo, todo esto, aunque es glorioso, es incompleto, razón por que los teólogos están en lo cierto al describir la existencia presente de los creyentes que han muerto como "el estado intermedio". Pues los muertos en Cristo aún no han recibido su herencia completa; aún no están redimidos completamente. Su condición actual cambiará para mejor cuando se alcance el estadio final de salvación. A esto nos dirigimos ahora.

Nuestros cuerpos resucitados en gloria

Porque no solo seremos como Cristo en que nuestras almas serán hechas perfectas en santidad, sino también en que nuestros cuerpos serán resucitados en gloria.

La idea de la inmortalidad del alma no es característicamente cristiana. Durante muchos siglos antes de Jesús, egipcios, persas y griegos compartían con los judíos la convicción de que había una parte inmaterial del hombre que jamás moriría. Aun en nuestra propia era materialista, la mayor parte de las personas cree, de una manera poco definida pero firme, en un "yo" imperecedero: una parte de nosotros que continúa existiendo tras su separación del cuerpo.

Lo que es propio de la fe escrituraria es la enseñanza de que

*Bunyan, John: *El progreso del peregrino,* pp. 216-217 (Peregrino 2006). (N.T.).

nuestros cuerpos también sobrevivirán a la muerte. Al afirmar una resurrección física, la Biblia es única y, aun así, muchos creyentes tienen, en el mejor de los casos, una leve comprensión de esta doctrina. La culpa de esa vacilación recae, en parte, en un antiguo filósofo griego.

Platón (427?347 a. C.) ha ejercido influencia en el pensamiento humano de maneras muy diversas durante casi 2500 años pero, en el contexto que nos ocupa, es significativo por la forma en que devaluó

lo material en favor de lo que es espiritual. Anthony Hoekema explica cómo, en la enseñanza de Platón: "El alma es [...] considerada una sustancia superior, inherentemente indestructible y, por tanto, inmortal, mientras que el cuerpo es de una sustancia inferior, mortal y está condenado a la destrucción total. De ahí que se considere el cuerpo como una tumba para el alma, la cual, en realidad, está mucho mejor sin el cuerpo[2]". El memorable eslogan de Platón: *soma sema* ("el cuerpo, una tumba") resumía esta idea. Enseñó que los seres humanos son almas inmortales aprisionadas en cuerpos de carne inferiores. Únicamente aquello que es espiritual merece la pena. Todo lo que es físico y material quedará atrás en última instancia, descartado para siempre.

Desgraciadamente, este veneno del antimaterialismo se ha infiltrado en el pensamiento cristiano, de manera que muchos creyentes son, inconscientemente, platónicos. Sus ideas acerca del "mundo", "la carne" y aun "el alma" han sido distorsionadas por un exceso instintivo de espiritualidad. Los escritores piadosos anhelan estar en la gloria, porque allí sus almas serán liberadas por fin para la adoración, sin el estorbo de la prisión de la carne. Los evangelistas hablan acerca de las "almas" que están salvándose, no tanto de la redención de las "personas", "hombres" o "mujeres". Pero este exceso de espiritualización descubre una idea falsa del Cielo y descuida la doctrina cristiana básica de la resurrección del cuerpo. Es de suma importancia que nos atengamos a la realidad de la carne humana resucitada y glorificada.

Porque Platón estaba completamente equivocado al afirmar que solo lo espiritual es bueno y que aquello que es material es necesariamente inferior. La Biblia está inflexiblemente en contra de tal dualismo, y debemos concederle todo su valor a la afirmación de que: "Vio Dios todo lo que había hecho, y he aquí que era bueno en gran manera" (Génesis 1:31). La materia era buena, al proceder de la mano de Dios. Él no dividió la realidad en espiritual y material. Él lo hizo todo, todo bueno en gran manera, todo de valor eterno.

Esta es la razón por que se nos dice que el ser humano es una unidad física y espiritual, no un alma permanente en un cuerpo temporal. "Jehová Dios formó al hombre del polvo de la tierra, y sopló en su nariz aliento de vida, y fue el hombre un ser viviente" (Génesis 2:7). El hombre no es su alma. El polvo de la tierra y el aliento de vida se unieron para hacer lo que somos.

Cuando Dios envió a su Hijo para morir por nosotros, lo hizo por nuestros cuerpos al igual que por nuestras almas. Jesucristo no solo vino a redimir el "aliento de vida", sino también el "polvo de la tierra". Compró nuestros cuerpos por su sangre. "Vuestro cuerpo es templo del Espíritu Santo [...], habéis sido comprados por precio; glorificad, pues, a Dios en vuestro cuerpo" (1 Corintios 6: 19?20). Fíjate que Pablo no dice "vuestra alma ha sido comprada", sino "habéis sido comprados". Dios debe ser glorificado en nuestros cuerpos, y cuando nuestra salvación sea completa, nuestros cuerpos, al igual que nuestras almas, estarán en el Cielo.

¿Cómo podemos estar seguros de esto? Porque estaremos en Cristo, y su cuerpo resucitó de entre los muertos. El Nuevo Testamento insiste mucho en esto, casi impacta su cualidad de terreno. "Palpad y ved" fue la invitación de Jesús a sus discípulos (Lucas 24:39). "Tómame entre tus dedos y siente el tacto de mi piel, la estructura de mis huesos". Juan mantiene que "palparon nuestras manos [...] al Verbo de vida" (1 Juan 1:1). Estaba escribiendo a cierto tipo de platónicos, personas que no creían en la encarnación o en la resurrección del cuerpo, y su testimonio fue físico y básico: "Yo he asido al Hijo de Dios con mis propias manos sudorosas". ¡La resurrección era tan física como eso!

Tal como el cuerpo de Cristo fue resucitado del sepulcro, así serán resucitados nuestros cuerpos, "cada uno en su debido orden: Cristo, las primicias; luego los que son de Cristo, en su venida" (1 Corintios 15:23). Esto completará el propósito original de Dios, cuando dijo: "Hagamos al hombre a nuestra imagen" (cf. Génesis 1:26), y la imagen era tanto cuerpo como alma. En el Cielo esa imagen será restaurada completamente.

El mismo y, sin embargo, diferente

La resurrección del cuerpo: ¡qué acontecimiento tan estupendo será en la historia de la redención! Sucederá simultáneamente para todos los creyentes en el momento que el Señor vuelva de nuevo. "Todos seremos transformados, en un momento, en un abrir y cerrar de ojos, a la final trompeta; porque se tocará la trompeta, y los muertos serán resucitados incorruptibles, y nosotros seremos transformados" (1 Corintios 15:51?52).

¿Cómo serán nuestros cuerpos resucitados? Necesitamos ser cautos al describir una analogía demasiado parecida al cuerpo resucitado de nuestro Salvador, tal como se describe brevemente en los Evangelios. Pues, mientras que nosotros seremos resucitados, transformados y llevados al Cielo en una experiencia instantánea, esto parece haber sucedido en dos etapas para nuestro Señor. Durante cuarenta días después de su resurrección, su cuerpo permaneció en este universo espacio—temporal, aún adaptado —hasta cierto punto— a la vida en la Tierra. ¿Hubo otra transformación en su cuerpo nuevo en su ascensión? ¿Están aún sus manos traspasadas? ¿Aún tiene la cicatriz de su costado (Juan 20:27)? No lo sabemos. Pero estamos seguros de que, comoquiera que sea ahora su cuerpo glorificado, nuestros nuevos cuerpos serán parecidos.

Serán los mismos cuerpos que habitan nuestras almas en la Tierra. Pablo recalca que estos cuerpos nuestros que tenemos ahora, aunque son "mortales" y "[humildes]", serán resucitados por el poder del Espíritu. "El que levantó de los muertos a Cristo Jesús vivificará también vuestros cuerpos mortales. También esperamos al Salvador, al Señor Jesucristo; el cual transformará el cuerpo de la humillación nuestra" (Romanos 8:11; Filipenses 3: 20,21). Dios nunca abandona. Respecto a su pueblo, no está dispuesto a permitir siquiera el más mínimo triunfo a Satanás. El pecado ha dañado los cuerpos con los que fuimos creados, la influencia del diablo los ha corrompido; pero Dios no los abandonará, y empezará de nuevo. Nunca permitirá que Satanás alardee de haber arruinado irremediablemente —al menos— algo por lo que Cristo murió, situando nuestros cuerpos fuera del alcance de la redención y obligando a Dios a proporcionar sustitutos. No, Dios vencerá a Satanás en todos los sentidos y transformará el cuerpo mismo de nuestra mortalidad y humillación en algo glorioso y eterno. Nuestros propios cuerpos —estos cuerpos actuales— serán transformados.

Sin embargo, al mismo tiempo, serán profundamente diferentes. La analogía de Pablo es la de sembrar la semilla, donde la identidad esencial se une a la transformación total. Siembra un grano de trigo y nacerá trigo, no maíz o cebada. Hay continuidad, igualdad. Pero lo que apreciamos, la razón, de hecho, por que sembramos, es lo maravillosamente diferente que es la nueva planta respecto de su semilla. "¿Cómo resucitarán los muertos? ¿Con qué cuerpo vendrán? [...] Lo que siembras no es el cuerpo que ha de salir [...] pero Dios le da el cuerpo como él quiso [...]. Así también es la resurrección de los muertos" (1 Corintios 15: 35, 37, 38, 42). Por tanto, en todo el debate escriturario acerca de la naturaleza del cuerpo de resurrección, el Apóstol menciona cuatro diferencias clave entre nuestro cuerpo presente y su futuro estado glorificado. Considerémoslas una por una.

Resucitados en incorrupción

"Se siembra en corrupción, resucitará en incorrupción" (1 Corintios 15:42). Richard Baxter nos dice que predicó "como estaba seguro que jamás predicaría y como un moribundo a otros moribundos[3]". Es literalmente cierto. Yo estoy muriendo mientras escribo estas palabras y tú estás muriendo mientras las lees. La irreversible decadencia nos debilita a hurtadillas. En nuestros cuerpos está en marcha un proceso inevitable de deterioro que continúa sin remordimientos momento a momento, hasta que exhalemos nuestro último suspiro.

Algo en nuestro interior protesta contra esto. Sentimos la urgencia de "protestar furiosamente contra la extinción de la luz". Una sociedad incrédula teme y odia la ancianidad, y la gente acude hoy en día a ridículas prolongaciones para aferrarse a la juventud que se le desvanece. Comprar acciones de clínicas de cirugía estética o de empresas que fabrican pastillas vitamínicas o tintes de pelo sería una inversión financiera rentable hoy en día. Un médico de familia me dice que algunos de sus pacientes están realmente ofendidos por dolencias físicas, queriendo reclamar —por así decirlo— al fabricante por el mal funcionamiento de un aparato que esperaban fuera de más confianza. Al vivir solo para este mundo, son patéticamente reacios a aceptar el hecho de que sus cuerpos se debilitarán cada vez más, sufrirán un colapso y morirán. Tampoco es este un problema únicamente para los incrédulos. Si sobrevivimos a la madurez, todos empezamos a experimentar las discapacidades y pequeñas humillaciones de la edad: "Cuando [...] cesarán las muelas porque han disminuido, y se oscurecerán los que miran por las ventanas" (Eclesiastés 12:3). Reconocemos nuestra "corrupción" y nos parece una realidad cada vez menos bienvenida.

Pero Pablo nos dice que en el Cielo no será posible un deterioro semejante. Seremos rejuvenecidos, estaremos para siempre fuera del alcance de la enfermedad y la herida, del dolor y de la muerte. Nuestras experiencias presentes de debilidad, fragilidad y sufrimiento darán a su fin. "Resucitados en incorrupción", ningún proceso de cambio ni decadencia puede tocarnos de nuevo.

Resucitados en gloria

"Se siembra en deshonra" (1 Corintios 15:43). Parte de mi llamado como pastor implica estar presente en los lechos de muerte y ver los cuerpos de quienes han pasado a otra vida. ¿Qué contiene el ataúd? Una envoltura pobre y débil, nada más. El alma ha partido, dejando atrás la carne penosa y decadente de un cadáver. Será puesto en un sepulcro para que se descomponga. No hay vida ahí, no hay belleza, nada saludable. Se siembra en deshonra.

Pero esta misma carne es "[resucitada] en gloria". No sabemos qué implica eso exactamente, pero, sin duda, significa que, en el Cielo, nuestros cuerpos se caracterizarán por un esplendor imponente. "Los justos —dice Jesús— resplandecerán como el sol en el reino de su Padre" (Mateo 13:43). Ya no existirán las arrugas ni las canas, todas las señales de la edad o de debilidad desaparecerán. Seremos jóvenes para siempre, en lo maravilloso de nuestra fuerza, en brillante masculinidad y feminidad para honrar a Dios. En palabras de C.S. Lewis: "Hará del más débil y más vil de nosotros [...] una criatura deslumbrante, radiante e inmortal, todo ello latiendo con tal energía, gozo, sabiduría y amor como no podemos imaginar ahora[4]".

Resucitados en poder

El cuerpo "se siembra en debilidad, resucitará en poder" (1 Corintios 15:43). ¡Cuán débiles somos, cuán fácilmente nos cansamos! Nos falta fuerza, nos fatigamos, sentimos que no podemos arreglárnoslas. La "fatiga crónica" es una enfermedad cada vez más común en nuestra sociedad frenética y cargada.

Pero Dios nos dice que en el Cielo nuestros cuerpos estarán llenos de energía. No sabremos lo que es el cansancio. Se adueñará de nosotros un nuevo dinamismo, nuevas fuerzas físicas, de tal modo que el atleta olímpico más rápido y más fuerte parecería débil en comparación con un creyente en la gloria. "La fatiga no hará flaquear nuestras energías, ni tampoco las agotará la edad. Sin inercia ni fricción, nuestros propósitos serán ejecutados espontáneamente por energías incansables, para las que todo ejercicio será un placer, y la actividad continuada el éxtasis de una vida inmortal que nada podrá ensombrecer[5]".

Intenta imaginar por un momento el verdadero bienestar físico del Cielo. Así como los dolores del Infierno son más terribles que cualquiera de los que podamos imaginar en esta Tierra, los placeres del Cielo también son infinitamente más deleitosos que cualquiera de los que podamos imaginar actualmente. Nuestros cuerpos están sujetos aquí a las consecuencias de la Caída. Aun el más joven y fuerte no conoce lo que es la verdadera salud. No tenemos ni idea de la estimulante sensación de bienestar que discurrirá por nuestras venas en el Cielo. Será un placer físico de lo más intenso.

UN CUERPO ESPIRITUAL RESUCITADO

"Se siembra cuerpo animal, resucitará cuerpo espiritual" (1 Corintios 15:44). Tenemos que ser cuidadosos aquí. "Espiritual" no significa "inmaterial" o "no físico". Ahí es donde muchos se equivocan. Se refiere, en este contexto, a un cuerpo dominado por el Espíritu Santo. El hombre "espiritual" (1 Corintios 2:15) está habitado y guiado por el Espíritu. Los "cánticos espirituales" (Efesios 5:19) están inspirados por el Espíritu. De igual manera, "un cuerpo espiritual" es uno que está completamente bajo el control del Espíritu.

Cornelis P. Venema explica la distinción entre "natural" y "espiritual" de esta manera: "Estos términos no contraponen un cuerpo que está hecho de una 'sustancia material' con un cuerpo que está hecho de una 'sustancia espiritual', como para sugerir que la resurrección del cuerpo será inmaterial o no de la carne. Antes bien, distinguen claramente el cuerpo actual como uno que pertenece al tiempo actual, que es pasajero y está bajo la maldición de Dios, y la resurrección del cuerpo, que pertenece a la vida del Espíritu en el tiempo venidero[6]".

Actualmente, nuestros cuerpos nos entorpecen en nuestra vida cristiana. Tienen hambre, desean y se cansan. Sus demandas pueden distraernos y apartarnos de Dios, pero no en el Cielo. Allí, nuestros cuerpos nos ayudarán como los siervos obedientes de nuestros espíritus. "Nuestras voluntades no estarán confinadas a una acción indirecta y difícil por medio de una incómoda maquinaria, sino que toda el alma actuará directamente sobre cada fuerza subordinada[7]". Cuerpo y alma, unidos, nos capacitarán para adorar y servir al Señor.

Esta es la gloria que será revelada en nosotros. Nuestras almas serán puras, perfectas. Nuestros cuerpos serán incorruptibles, gloriosos, fuertes, llenos del Espíritu. Seremos como nuestro Salvador, conformes a su imagen. Los ángeles nos mirarán y glorificarán a Dios. ¿No es emocionante pensar en lo que nuestro Padre va a hacer de nosotros, qué riquezas de bendición planea derramar sobre nosotros?

EL DELEITE DE NUESTRO SEÑOR EN NOSOTROS

Sin embargo, lo que es aún más asombroso es que nuestro

Señor y Salvador mismo se emocionará al mirarnos en el Cielo. Al observar a su pueblo, se llenará de afecto y deleite. "Verá el fruto de la aflicción de su alma, y quedará satisfecho" (Isaías 53:11).

Y eso será cierto respecto de su obra redentora en términos generales. Cristo verá a todas sus ovejas reunidas a salvo, a cada uno de los elegidos en la gloria. No habrá espacios vacíos, nadie desaparecido ni perdido. No tendrá pesar, ni la sensación de que algo está incompleto. Estará satisfecho con los resultados de la aflicción de su alma.

Pero el Señor Jesús también estará satisfecho con cada uno de nosotros individualmente. Quizá nos cueste creerlo, porque estamos lejos de estar satisfechos con nosotros mismos. Al ser demasiado conscientes de nuestras debilidades y limitaciones, a menudo estamos desilusionados con nosotros mismos, avergonzados de lo que somos. No nos consideramos como personas a las que se puede amar, ¿cómo, pues, podría amarnos Cristo? Un miedo persistente se apodera de nuestras mentes, miedo a que, aunque Él sea misericordioso y bueno cuando nos reciba en el Cielo, al mismo tiempo tenga una clara sensación de desilusión. Quizá no seamos lo que Él esperaba.

No tenemos por qué tener miedo, porque para entonces estaremos transformados, seremos conformes a su semejanza. La obra de gracia de Dios en todos y cada uno de nosotros habrá llegado a un grado de perfección tal, que el Señor estará embelesado de amor por su esposa, "una iglesia gloriosa, que no tuviese mancha ni arruga ni cosa semejante" (Efesios 5:27). Seremos todo lo que Él quiere, todo lo que desea. Seremos el pueblo que elija para estar con Él para siempre. "He aquí tú eres hermosa, amiga mía", exclamará (Cantares 1:15). Entonces podremos decir con gozosa seguridad: "Jesús me ama, esto sé". Eso será el Cielo.

Cristo se verá a sí mismo en nosotros, se amará a sí mismo en nosotros. Por eso se nos promete que "seremos semejantes a él" (1 Juan 3:2). Porque no es otra cosa que su propia belleza santa lo que admirará.

NOTAS

[1] R.C.H. Lenski, *Interpretation of 1 & 2 Peter, 1, 2 & 3 John and Jude* (Interpretación de 1 y 2 Pedro, 1, 2, y 3 Juan y Judas), p. 453 (Minneapolis: Augsburg Fortess Publishers, 1930).

[2] A.A. Hoekema: *The Bible and the Future* (La Biblia y el futuro), p. 87 (Grand Rapids, Eerdmans 1972).

[3] Citado en J.I. Packer: *Among God's Giants* (Entre los gigantes de Dios), p. 379 (Eastbourne: Crossway 1991).

[4] *Mere Christianity* (Cristianismo puro), p. 172 (Collins 1952)

[5] A.A. Hodge: *Evangelical Theology* (Teología evangélica), p. 381 (Edimburgo: Banner of Truth 1890, reimpresión).

[6] *The Promise of the Future* (La promesa del futuro), p. 374 (Edimburgo: Banner of Truth 2000).

[7] A.A. Hodge: *Evangelical Theology* (Teología evangélica), p. 381.

9
"Plenitud de gozo"

UNA VEZ, UN ESCÉPTICO ESTABA IMPORTUNANDO a Juan Bunyan haciéndole una y otra vez preguntas tontas e imposibles de responder acerca del Cielo, con la esperanza de hacer que el cristianismo pareciera ridículo. El pastor puritano, finalmente, transformó su enojo en un buen consejo, diciéndole a su interrogador que confiara en Cristo y que viviera una vida santa para que pudiera ir al Cielo y encontrar las respuestas por sí mismo. La Biblia está escrita para que podamos hacer eso precisamente. Su propósito no es satisfacer nuestra curiosidad sino llamarnos a la fe. Gran parte de lo que nos gustaría saber del Cielo no está revelado en la Escritura, pero esto no se debe a que los escritores humanos no estuviesen capacitados para intentar describir el Cielo y, por tanto, no lo lograran. La Escritura nos revela todo lo que necesitamos conocer del Cielo en el momento presente.

Se nos dice, sobre todo, que es un lugar de felicidad. David estaba seguro de esto cuando escribió: "A Jehová he puesto siempre delante de mí [...]; se alegró por tanto mi corazón [...]; mi carne también reposará confiadamente [...]; me mostrarás la senda de la vida; en tu presencia hay plenitud de gozo; delicias a tu diestra para siempre" (Salmo 16:8?9,11). Esta magnífica afirmación podría establecerse como confesión de fe de todos los creyentes del Antiguo y del Nuevo Testamento. Sigue siendo una convicción cristiana fundamental. "Plenitud de gozo". Creemos en ella y la anhelamos con todo nuestro corazón.

¿Pero podemos ser un poco más específicos? Dios, nuestro Padre, comprende nuestra curiosidad natural, nuestro empeño en saber más acerca de la vida venidera, y nos ha provisto, pues, de una considerable cantidad de información al respecto. En este último estudio, consideraremos el ambiente en que viviremos, nuestras relaciones con nuestros semejantes redimidos y la ocupación que allá tendremos.

El Cielo nuevo y la Tierra nueva

Ya hemos visto que el Cielo quizá parezca intangible y esquivo. Nos resulta difícil imaginar cómo será la vida allí, y esta incertidumbre quizá signifique que no lo deseamos tanto como debiéramos. Sabemos que estaremos con Cristo y que veremos a Dios en su gloria. ¿Por qué, pues, no estamos más emocionados ante la perspectiva? ¿Por qué no podemos decir con toda sinceridad, como Pablo, que "[tenemos] deseo de partir" (Filipenses 1:23)? ¿Por qué estamos dispuestos, la mayor parte de las veces, a que nuestra entrada en el Cielo se posponga indefinidamente? Parte del problema es, sin duda, nuestra insensibilidad espiritual, ¿pero existen otras razones por que el Cielo parezca estar suspendido justo por encima del horizonte de nuestro entendimiento y nuestro deseo?

Nuestra falta de interés quizá se deba, en parte, al hecho de que la Biblia a menudo habla del Cielo en lo que podrían parecer términos negativos. Nos dice cómo no es el Cielo: no habrá pecado, ni aflicción, ni dolor, ni noche, ni muerte (Apocalipsis 21:4, 27; 22:5). La descripción clásica de Pedro lo expresa de manera parecida cuando escribe sobre la "herencia incorruptible, incontaminada e inmarcesible, reservada en los cielos para vosotros" (1 Pedro 1:4). No nos dice directamente cómo es el Cielo, sino que lo describe enumerando las desventajas de las que está libre.

Ahora bien, este es un lenguaje perfectamente apropiado para cualquier cosa que sea tan maravillosa que se escape a toda descripción. Cuando un joven se enamora, no proporciona a su madre un resumen clínico de la altura, peso, complexión y señales distintivas de su amada. "¡Es la chica más asombrosa! —balbucea—. Jamás he conocido a alguien como ella. ¡Es absolutamente indescriptible!". Eso resume su pasión perfectamente; expresa exactamente cómo se siente. Pero si la joven fuera a desaparecer, a duras penas serviría como principio de una investigación policial. Su lenguaje proporciona una vívida impresión pero, innegablemente, carece de detalles.

Por eso la Escritura describe el Cielo de la forma en que lo hace. Al fin y al cabo, tal lenguaje no es negativo. Expresa maravilla y respeto, asombro y deleite trascendentes. Nos alerta de la Verdad de que el Cielo es emocionante y glorioso, y que sobrepasa nuestra comprensión, que está muy lejos del alcance de nuestras capacidades orales. Pero podemos malentender el lenguaje muy fácilmente, perdernos la gloria y frustrarnos de manera injustificada por la falta de detalles positivos.

Quizá haya otra dificultad en lo que los eruditos llaman lo "esmaltado" o la simbología "enjoyada" del Cielo: el mar de vidrio, puertas de perlas, coronas y calles de oro (Apocalipsis 15:2; 21:21; 4:4). Estas descripciones, por supuesto, no están pensadas para que se tomen literalmente. Son metáforas vívidas y poéticas de una realidad que es indestructible, reluciente, e incalculablemente preciosa. Pero, de nuevo, podemos interpretar mal la simbología y quedarnos con la impresión de un lugar que es frío, duro y antinatural. Si se nos invitara a dar un paseo, la mayoría de nosotros preferiría una vereda frondosa a una calle pavimentada con oro. La primera es natural y atractiva de inmediato, la otra parece sin vida y prefabricada. ¡Una mala interpretación de la Escritura es un asunto grave! Puede distorsionar la gloria y debilitar nuestra esperanza del mundo venidero.

Pero quizá el obstáculo más grande para una verdadera apreciación del Cielo sea que somos incapaces de imaginar nuestros cuerpos allí. Aunque creemos en la resurrección del cuerpo, "el Cielo" aún nos evoca un reino que es inmaterial, no físico en ningún sentido real. Todos estamos demasiado inclinados a pensar en un lugar que es fundamentalmente impropio para cuerpos físicos.

Sin embargo, la Biblia nos dice que el Cielo es el ámbito ideal para ellos. En la Segunda Venida de Cristo, esta Tierra, la cual Dios creó para que la habitáramos y para su gloria, será restaurada y renovada. Todo vestigio de pecado será quitado del planeta, el Cielo y la Tierra se juntarán en una unidad maravillosa, y "la tierra será llena del conocimiento de la gloria de Jehová, como las aguas cubren el mar" (Habacuc 2:14). Al comentar las palabras: "He aquí el tabernáculo de Dios con los hombres, y él morará con ellos" (Apocalipsis 21:3), A.A. Hoekema afirma: "Puesto que donde Dios mora, allí está el Cielo, concluimos que en la vida venidera el Cielo y la Tierra ya no estarán separados, como lo están ahora, sino que se fundirán. Los creyentes, por tanto, seguirán estando en el Cielo al seguir viviendo en esta Tierra[1]". Pero esta enseñanza, sencilla como está en la Escritura, ha sido tan descuidada que a algunos de quienes la oyen por primera vez les suena a herejía.

La exposición más clara de la misma la podemos encontrar en el capítulo 8 de Romanos, donde Pablo une el destino de la creación material con el de los seres humanos, y recuerda que el pecado del hombre fue la razón por que la Tierra se echó a perder: "Porque la creación fue sujetada a vanidad" (Romanos 8:20) cuando Dios le dijo al Adán desobediente: "Maldita será la tierra por tu causa" (Génesis 3:17). Pero este mismo mundo caído se beneficiará de la salvación del hombre. Así como el pecado de Adán trajo una maldición, la obediencia de Cristo también traerá bendición. Pablo personifica la creación, que "significa los animales, significa la vegetación, las flores, la hierba, significa los ríos y las corrientes, las montañas y las colinas, significa la Tierra misma[2]". La describe, por así decirlo, estando de puntillas, viva con "anhelo ardiente" mientras "[aguarda] la manifestación de los hijos de Dios" (8:19). ¿Por qué esta esperanza ardiente? "Porque también la creación misma será libertada de la esclavitud de corrupción, a la libertad gloriosa de los hijos de Dios" (8:21).

Algo maravilloso le va a suceder a esta Tierra nuestra. Cristo habla de "la regeneración, cuando el Hijo del Hombre se siente en el trono de su gloria" (Mateo 19:28) y la palabra "regeneración", aquí, casi podría ser traducida como "el segundo génesis". Pedro lo denomina la "restauración de todas las cosas"

(Hechos 3:21). Todo será renovado. La Tierra en la que ahora vivimos será gloriosamente transformada. "El Cielo en la Tierra: allí es donde pasaremos nuestra eternidad. El plan de redención de Dios no está completo hasta que haya una Tierra para que el hombre viva en ella y sobre ella, en el cuerpo[3]".

Así es como trabaja Dios siempre en la redención. Cuando nuestros primeros padres pecaron y cayeron, Dios no se deshace de la raza humana y empieza todo de nuevo. No, su propósito fue salvar a esa misma Humanidad que había sido esclavizada por el pecado. Cuando confiamos en Cristo, Dios no nos proporciona nuevas y marcadas personalidades. En vez de eso, por el poder de su Espíritu, gradualmente transforma a la semejanza de su Hijo aquello que ha sido dañado. Los Padres de la Iglesia solían decir: "La gracia no destruye la naturaleza, sino que la restaura". Como nuevas criaturas en Cristo, nos hacemos más "naturales", más nosotros mismos de lo que fuimos jamás. Y hemos visto en el capítulo anterior que Dios no desechará nuestros cuerpos presentes y nos dará unos completamente nuevos. Estos mismos cuerpos nuestros serán los que Él glorifique.

"La continuidad entre el antes y el después resurrección del cuerpo del creyente encuentra su equivalente en la continuidad entre la creación presente y la renovada[4]". Del mismo modo que Dios está renovando la raza humana y glorificará el cuerpo humano, así también restaurará y glorificará este mundo presente. Satanás no tendrá la última palabra respecto al destino de nuestro planeta. En palabras de Robert L. Dabney: "Esta conclusión nos proporciona una noble noción de la inmutabilidad del propósito de gracia de Dios y la gloria de su victoria sobre el pecado y Satanás [...]. El Mesías vendrá y restablecerá su Trono en medio de su Reino marcado con cicatrices y destruido; Él limpiará toda mancha de pecado y muerte y hará florecer esta Tierra para siempre con un esplendor mayor que el primero[5]".

Una conciencia de la futura renovación de la Tierra inunda de luz muchas afirmaciones de los profetas y los salmistas que podemos tender a pasar por alto. Algunos cristianos creen que estas profecías hacen alusión a una edad de oro antes del regreso de Cristo, pero otros las espiritualizan completamente, privándolas de cualquier cumplimiento material y viéndolas como nada más que imágenes de bendiciones espirituales. Hay, sin embargo, un elemento de literalidad aquí que no deberíamos pasar por alto, porque nos están diciendo lo que le ocurrirá, efectivamente, a este mundo presente. "Morará el lobo con el cordero, y el leopardo con el cabrito se acostará; el becerro y el león y la bestia doméstica andarán juntos, y un niño los pastoreará" (Isaías 11:6). "Se alegrarán el desierto y la soledad; el yermo se gozará y florecerá como la rosa" (Isaías 35:1). La creación misma es convocada a la alegría ante la perspectiva de su gloria venidera: "Alégrense los cielos, y gócese la tierra; brame el mar y su plenitud. Regocíjese el campo, y todo lo que en él está; entonces todos los árboles del campo rebosarán de contento, delante de Jehová que vino" (Salmo 96:11?13).

Cuando el Señor Jesús dijo: "Bienaventurados los mansos, porque ellos recibirán la tierra por heredad" (Mateo 5:5), quería decir eso exactamente. Cuando oramos: "Hágase tu voluntad, como en el cielo, así también en la tierra" (Mateo 6:10), no estamos utilizando una forma de palabras vana ni dando rienda suelta a una fantasía piadosa. Sin embargo, ¿queremos dar a entender esta oración en realidad al ofrecerla? ¿Esperamos ver su cumplimiento? Viene el día en que será hecha la voluntad de Dios en toda esta Tierra: de una manera perfecta, completa y para siempre.

El cambio será enorme, porque "los elementos ardiendo serán deshechos, y la tierra y las obras que en ella hay serán quemadas" (2 Pedro 3:10). Nuestras mentes no pueden concebir semejante cataclismo transformador, tan global que Dios pueda decir: "Porque he aquí que yo crearé nuevos cielos y nueva tierra" (Isaías 65:17). Pero la palabra "nuevo" en la traducción del griego antiguo, en este texto y en los pasajes paralelos del Nuevo Testamento, no significa absolutamente nuevo, sino nuevo en calidad, en frescura. Al igual que con nuestros nuevos cuerpos resucitados, la identidad básica se mantiene. El prudente A.A. Hodge comenta: "En cuanto a la localización del lugar en que Cristo y su esposa glorificada tendrán su hogar central por toda la eternidad, se erige como una fuerte posibilidad el hecho de que sea nuestra Tierra actual, primero quemada con fuego y después repuesta gloriosamente[6]". Tenemos aquí la respuesta definitiva a los problemas ecológicos.

¡Qué perspectiva es esta! El Cielo descenderá a la Tierra y ambos, juntos, formarán una única entidad radiante, que brille con la gloria de Dios. "Vi un cielo nuevo y una tierra nueva; porque el primer cielo y la primera tierra pasaron [...]. Y yo Juan vi la santa ciudad, la nueva Jerusalén, descender del cielo, de Dios [...]. Y oí una gran voz del cielo que decía: He aquí el tabernáculo de Dios con los hombres, y él morará con ellos" (Apocalipsis 21:1?3). Tenemos aquí, a gran escala, el propósito del Padre en el Hijo: "reunir todas las cosas en Cristo, en la dispensación del cumplimiento de los tiempos, así las que están en los cielos, como las que están en la tierra" (Efesios 1:10). Fíjate en el "todas las cosas". No únicamente los cuerpos y las almas de los elegidos, sino "todas las cosas". "Por cuanto agradó al Padre [...] por medio de él reconciliar consigo todas las cosas, así las que están en la tierra como las que están en los cielos" (Colosenses 1:19?20).

Nuestro mundo actual es muy bonito. Por supuesto está estropeado por el pecado, no es ni lo que fue ni lo que será, pero aún declara la gloria de Dios y podemos regocijarnos en su hermosura. Sentimos una punzada de pesar al pensar en abandonarlo, pues todos tenemos lugares especiales: vistas espectaculares, escenas favoritas embellecidas por el recuerdo, el trozo de tierra que llamamos hogar. La belleza de las montañas y los páramos, el mar y el cielo, los ríos y los bosques tiran de las cuerdas de nuestro corazón.

Es bueno que amemos la Tierra que Dios ha provisto para nosotros. No tenemos que amar el orden maligno del mundo, el sistema mundial rebelde (1 Juan 2:15). Antes bien, "de Jehová es la tierra y su plenitud" (Salmo 24:1) y, en un sentido muy real, no estamos hechos para vivir aparte de ella, porque "sin la glorificación de la creación, la glorificación de la nueva Humanidad en Cristo sería un hecho aislado y extraño[7]". ¡Qué gozo, pues, ser conscientes de que no tendremos que decirle un adiós final a la Tierra, sino que habitaremos en ella para siempre en la vida venidera! Quizá no la recordemos como nuestro antiguo hogar, porque Dios nos dice acerca de los cielos nuevos y de la Tierra nueva que "de lo primero no habrá memoria, ni más vendrá al pensamiento" (Isaías 65:17), respecto de lo cual J.A. Motyer comenta: "La conciencia será una novedad absoluta, sin nada que nos ayude a recordar lo que solía ser[8]". Pero, sin duda, existirá una profunda sensación de familiaridad, de pertenencia. No nos será ajeno, sino que sentiremos que es nuestro propio lugar. "En esa Tierra nueva esperamos pasar la eternidad, disfrutando sus bellezas, explorando sus recursos y utilizando sus tesoros para la gloria de Dios[9]".

LA FAMILIA CELESTIAL

El comentario de Sartre de que "El Infierno son los otros" es manifiestamente falso, porque quería decir que el Infierno únicamente existe en las crueldades humanas de esta vida. Pero es cierto que parte de los sufrimientos del Infierno consistirá en la sociedad terrible de aquel lugar. Del mismo modo, un elemento vital de los gozos del Cielo serán los seres gloriosos en cuya compañía viviremos. El individualismo de nuestro tiempo puede despintar nuestra idea del Cielo, conduciéndonos a enfocarlo de manera reducida en nosotros mismos; pero las grandes imágenes de la Biblia son colectivas: la ciudad santa, el Reino que no puede ser conmovido, la cena de las bodas del Cordero (Apocalipsis 21:2; Hebreos 12:28; Apocalipsis 19:9). Estas describen la existencia del Cielo, fundamentalmente, como una vida en comunidad, donde una parte importante de la "plenitud de gozo" serán nuestras relaciones personales y la interacción.

Anteriormente hemos considerado aquellas relaciones que serán más importantes: nuestra comunión con el Dios trino; Padre, Hijo y Espíritu. También nos asociaremos con los santos ángeles, esos espíritus resplandecientes y no caídos. ¡Cuán fascinados estarán por aprender más acerca de nuestra redención (1 Pedro 1:12)! ¿Qué descubriremos acerca de su ministerio terreno a nuestro favor (Hebreos 1:14)? ¡Qué emocionante unirnos a ellos en adoración alrededor del trono de Dios!

Pero nuestras relaciones más importantes criatura a criatura serán, sin duda, con nuestros semejantes, los elegidos "que están inscritos en el libro de la vida del Cordero" (Apocalipsis 21:27). Anticipemos, por unos momentos, algunos de los placeres de esa comunión celestial.

¿Y nuestros amigos inconversos?

Hay, sin embargo, una trágica cuestión que necesitamos resolver en primer lugar. Porque muchas personas no estarán allí, incluyendo a algunas que hemos conocido y que hemos amado en la Tierra. ¿Cómo nos sentiremos a ese respecto? ¿El saber que algunos de nuestros amigos estarán en el Infierno no echará a perder el Cielo para nosotros? ¿Cómo podemos disfrutar de los deleites de la gloria cuando un ser querido —una madre, un marido o una hermana— está excluido para siempre? Cada pastor ha sido cuestionado acerca de esto con un agudo dolor por la gravedad del asunto.

La respuesta es clara, pero inefablemente solemne. Ya no serán nuestros seres queridos nunca más. Nuestra amistad con ellos habrá terminado y ni los echaremos de menos ni nos afligiremos por ellos. Los santos en la gloria alaban a Dios por la manifestación de su Justicia al castigar el pecado: "¡Aleluya! Salvación y honra y gloria y poder son del Señor Dios nuestro; porque sus juicios son verdaderos y justos" (Apocalipsis 19:1?2). En las aleccionadoras palabras de Jonathan Edwards: "Los habitantes celestiales [...] estarán, pues, perfectamente conformados a Dios en sus voluntades y afectos. Amarán lo que Dios ama, y eso únicamente. A pesar de que los santos en el Cielo quizá hayan amado a los condenados mientras estuvieron aquí, en especial a quienes estaban cerca de ellos y eran queridos, después ya no sentirán más amor por ellos[10]".

No demostramos amor verdadero por otras personas oponiéndonos sentimentalmente al Infierno, sino haciendo todo lo que está en nuestra mano ahora para llevarlos al Cielo. Solo una amistad que esté en Cristo se prolongará más allá de esta vida. Si eso no nos conduce a orar cada día y a hacer todo lo que podamos por la salvación de nuestros familiares y amigos inconversos, ¿qué lo hará?

UNA FAMILIA PERFECTA

En el Cielo experimentaremos una vida familiar perfecta en la compañía de nuestros hermanos y hermanas en Cristo, todos aquellos que, por la fe en Él, son hijos de Dios el Padre. Será, en muchos aspectos, una familia ideal.

Será una gran familia. En esta Tierra los creyentes están en minoría. Podemos sentirnos aislados o vulnerables y, para algunos, la vida es soledad. Pero en el Cielo perteneceremos a una familia enorme, con un inmenso número de parentescos. Es un lugar de "muchas moradas" (Juan 14:2) y los que serán salvos son "una gran multitud, la cual nadie podía contar" (Apocalipsis 7:9). Por toda la eternidad tendremos el gozo de conocer a millones de hermanos y hermanas de cuya existencia no éramos conscientes anteriormente.

Será una familia variada. La multitud es "de todas naciones y tribus y pueblos y lenguas" (Apocalipsis 7:9). Nos encontraremos con cristianos de todo siglo, nacionalidad y cultura. Estará presente cualquier tipo de personalidad, y cualquier tipo de experiencia estará representada. Cada creyente contará su propia historia acerca de la misericordia de Dios: cada una de ellas, única. No habrá monotonía alguna. Así como Dios enriqueció la creación con una variedad increíble, así también será con su nueva creación, pues su gracia es "múltiple" o "multiforme" (1 Pedro 4:10). Tendremos la fascinación de conocer y aprender de muchas personas, todas con afinidad familiar y, sin embargo, todas diferentes.

Será una familia unida. No habrá ni peleas ni riñas. Las disputas teológicas se habrán resuelto y las discrepancias personales serán imposibles. No habrá denominaciones, malentendidos, ignorancia ni orgullo. "¡Oh qué bendita sociedad será entonces la familia del Cielo y esos pacíficos habitantes de la nueva Jerusalén, donde no hay división, ni extrañeza, ni falsa amistad; no, ni una sola expresión poco amable, ni una mirada ni un pensamiento enojados; sino que todos son uno en Cristo, quien es uno con el Padre, y todos viven en su amor, que es el amor mismo![11]". La unidad del pueblo de Dios será completa y visible. La oración de nuestro Señor: "que todos sean uno" (Juan 17:21), habrá sido respondida plenamente.

Sabremos, por fin, "¡[…] cuán bueno y cuán delicioso es habitar los hermanos juntos en armonía! […] Porque allí envía Jehová bendición, y vida eterna" (Salmo 133:1,3).

Será una familia atractiva. Hay cristianos aquí a quienes intentamos amar pero nos resulta difícil que nos gusten (¿te viene alguien a la mente inmediatamente?). Pero no habrá miembros ariscos de la familia en el Cielo, porque todos los creyentes serán santos y dignos de admiración. Sus personalidades irradiarán una belleza como la de Cristo. Será un gozo amar a tales seres, no un deber. Estar con ellos será un privilegio emocionante, un deleite inagotable.

Será una familia satisfactoria. En esta vida se nos puede tratar mal, podemos no ser valorados o aun rechazados. La amistad se encuentra entre las más grandes bendiciones, pero no es fácil conseguir buenos amigos. Los cristianos solteros a veces desean que Dios hubiera elegido darles un compañero en su vida. Muchos otros conocen la inesperada soledad del luto. Pero en nuestra familia celestial tendremos decenas de miles de relaciones satisfactorias. La soledad terrenal habrá sido engullida por un océano de amigos verdaderos que jamás habíamos conocido. Seremos arrollados para siempre con un amor puro y perfecto. Por primera vez, esa conocida frase significará exactamente lo que dice: "Una gran familia feliz".

Relaciones más estrechas

¿Y quienes están más próximos a nosotros en la Tierra? ¿Aún tendré una relación especial con mi esposa en el Cielo? ¿Aún tratarás a tus padres como padre y madre? ¿Quienes son nuestros amigos íntimos aquí lo serán allá? Está muy bien anhelar conocer a decenas de miles. ¿Pero no estamos creados de tal modo que aún deseemos un círculo más íntimo? Tales preguntas son normales, pero no son fáciles de contestar.

Con toda seguridad, nos conoceremos los unos a los otros en el Cielo. El rey David anhelaba reunirse con su hijo muerto allí. "Yo voy a él" (2 Samuel 12:23). Pablo urge a los cristianos enlutados a no "[entristecerse] como los otros que no tienen esperanza. Porque […] traerá Dios con Jesús a los que durmieron en él" (1 Tesalonicenses 4:13,14). La razón para no estar afligido como los incrédulos es que su partida no es permanente. Se reunirán de nuevo. No podemos conocer menos cosas en el Cielo de las que conocimos en la Tierra; por tanto, reconoceremos allí a quienes aquí nos son conocidos. Sin duda, eso es consolador.

También se nos dice que muchos aspectos del matrimonio ya no serán apropiados en la gloria, donde "ni se casarán ni se darán en casamiento" (Mateo 22:30). No habrá reproducción. El marido no necesitará una ayuda ni la esposa alguien que la cuide de manera protectora. Los niños no requerirán el cuidado de sus padres. La relación entre Cristo y su Iglesia será tan obvia que no precisará de ningún ejemplo humano.

¿Significa esto, pues, que tu marido o mi mejor amigo no serán para nosotros más que cualquiera entre las multitudes de los redimidos? Yo creo que no.

Porque todo lo bueno será mejor en el Cielo que en la Tierra. Si Dios te ha dado un marido o una esposa cristianos, un padre o un hijo, un hermano o un amigo, puedes estar seguro de que, cualesquiera que sean los parámetros de tu relación futura con ellos, la amistad será allí más íntima de lo que es ahora. Los conocerás de una manera más íntima, los amarás más intensamente, te deleitarás en ellos más plenamente. Es imposible que nos perdamos alguna cosa buena en aquel lugar donde abunda el bien. Podemos mirar a cristianos a quienes amamos de una manera especial y alabar a Dios porque continuaremos amándolos más y más, por siempre y para siempre.

Richard Baxter establece un equilibrio perfecto entre sobrestimar e infravalorar a nuestros amigos: "Cuando miro los rostros del pueblo precioso de Dios y pienso en aquel día, creyendo, ¡qué pensamiento tan estimulante es! [...] Debemos tener mucho cuidado de, en nuestros pensamientos, no buscar en los santos lo que solo se encuentra en Cristo, ni esperar que una parte excesiva de nuestro bienestar esté en el disfrute con ellos; somos demasiado dados a este tipo de idolatría. Pero, no obstante, Él, que nos manda amarlos así ahora, nos dará permiso para amarlos entonces, cuando Él mismo los haya hecho aún más encantadores. Yo sé que Cristo es todo en todo, y que es la presencia de Dios lo que hace que el Cielo sea el Cielo. Pero, no obstante, para mí endulza mucho más los pensamientos de aquel lugar el hecho de que allí haya semejante multitud de mis más queridos y preciosos amigos en Cristo[12]".

EVANGELIZAR, ¡QUÉ RETO!

Pablo habla de sus convertidos en Tesalónica como "nuestra esperanza [...], gozo [...], corona de que me gloríe [...] delante de nuestro Señor Jesucristo, en su venida" (1 Tesalonicenses 2:19). ¿Cómo nos sentiremos cuando nos encontremos en la gloria con aquellos a quienes nuestro testimonio les ha ayudado a llevarlos allí? ¿Lamentaremos entonces las aflicciones que requirió, la energía que gastamos, las desilusiones que sufrimos? Entenderemos lo que quería decir Samuel Rutherford cuando, desde la cárcel, instaba a su pueblo a que recibiera a Cristo porque: "Tu Cielo será dos cielos para mí[13]". ¿Qué significará para las madres cristianas que dieron sus vidas para criar a sus hijos para el Señor? No se las valoró en este mundo, compadecidas por la sociedad como esclavas improductivas, pero imagina su gozo cuando sus hijos se reúnan alrededor de ellas en el Cielo y puedan decir: "He aquí, yo y los hijos que Dios me dio" (Hebreos 2:13). ¿Qué modo mejor de "[hacer] tesoros en el cielo" (Mateo 6:20) que hablar el Evangelio al perdido?

¡CUÁN IMPORTANTE ES AMARNOS LOS UNOS A LOS OTROS!

En el Cielo amaremos a nuestros compañeros creyentes de manera perfecta y para siempre. ¿Por qué, pues, no podemos amarlos más ahora? ¿Por qué esas disputas terribles entre cristianos, semejantes malentendidos, críticas y peleas? "¿No es suficiente con que todo el mundo esté en nuestra contra que también tenemos que estar los unos contra los otros? ¡Oh, días felices de persecución, que nos condujeron juntos en amor, al que el sol de libertad y prosperidad desmenuza en polvo a causa de nuestras contiendas![14]". ¡Qué arma ofrecen a Satanás nuestras disputas! ¡Qué deshonra traen a Cristo! Intentemos vernos los unos a los otros como estaremos en la gloria y tratarnos aquí como lo haremos allí.

Nuestro servicio en el Cielo

¿Es "servicio" una palabra apropiada? ¿No es el Cielo un lugar de descanso? Con toda seguridad. El escritor del libro de Hebreos nos asegura que "queda un reposo para el pueblo de Dios" (Hebreos 4:9). Se nos dice que "Bienaventurados [...] los muertos que mueren en el Señor [...] descansarán de sus trabajos" (Apocalipsis 14:13). El "reposo", una de las palabras más bellas del español, siempre ha sido una perspectiva atractiva para el agobiado y el cansado.

En el Cielo disfrutaremos de un descanso más profundo de lo que jamás hayamos experimentado. Habremos descansado del pecado; tanto de sus asechanzas externas como de sus dictados internos. Descansaremos de la aflicción y del sufrimiento, porque "enjugará Dios toda lágrima de los ojos de ellos; y ya no habrá muerte, ni habrá más llanto, ni clamor, ni dolor" (Apocalipsis 21:4). Ninguna frustración ni desilusión agotará nuestra fuerza. Nunca más estaremos exhaustos a causa de la oposición. Llevar a cabo nuestro deber en un mundo perfecto no nos fatigará, sino que nos dará energía.

¡Qué descanso será este! Marcará el cumplimiento pleno de una de las promesas más atractivas de nuestro Salvador: "Venid a mí todos los que estáis trabajados y cargados, y yo os haré descansar" (Mateo 11:28).

Sin embargo, el descanso no es lo mismo que la holgazanería. ¡Cuán tedioso sería pasar la eternidad sin hacer nada! Fuimos concebidos para trabajar y nos sentiríamos desgraciados sin hacerlo. Aun ahora, el día de descanso semanal no es un día de ociosidad, sino de alegre actividad. El descanso en el Cielo no es, pues, un desplome eterno en una tumbona celestial, sino el nuevo vigor que procede de cumplir, con todo nuestro ser, el propósito para el que fuimos creados y redimidos. "Sus siervos le servirán. Están delante del trono de Dios, y le sirven día y noche en su templo" (Apocalipsis 22:3; 7:15). ¿En qué sentido serviremos a Dios en el Cielo?

Nuestro servicio, como indica la palabra griega "servir" en los versículos anteriores, será un servicio de adoración. El Cielo es el lugar donde Dios es alabado y adorado por su creación, y el libro de Apocalipsis, por ejemplo, ilustra con una belleza incomparable la adoración del Paraíso: "Señor, digno eres de recibir la gloria y la honra y el poder [...]. Tú fuiste inmolado, y con tu sangre nos has redimido para Dios, de todo linaje y lengua y pueblo y nación [...]. Oí la voz de muchos ángeles alrededor del trono, y de los seres vivientes, y de los ancianos; y su número era millones de millones [...]. Y a todo lo creado que está en el cielo, y sobre la tierra, y debajo de la tierra, y en el mar, y a todas las cosas que en ellos hay, oí decir: Al que está sentado en el trono, y al Cordero, sea la alabanza, la honra, la gloria y el poder, por los siglos de los siglos" (Apocalipsis 4:11; 5:9?13).

Esta adoración nos llevará a un conocimiento de Dios aún más profundo. Durante siglos interminables descubriremos aspectos nuevos de su infinita majestad, santidad, poder, gracia y hermosura. El éxtasis llenará nuestras almas al aprender más y más de su ser y sus caminos. Estudiaremos todo lo que nuestro Señor ha hecho, cómo ha entretejido sus propósitos, cómo el movimiento de cada átomo desde la creación, la caída de cada hoja y el vuelo de cada gorrión han contribuido juntos a su gloria. A medida que esto nos sea revelado, nos perderemos en la maravilla, el amor y la alabanza.

Deberíamos dedicar más atención de la que dedicamos a nuestra adoración aquí en la Tierra. Deberíamos buscar la capacitación del Espíritu al derramarnos en ella, practicando ahora lo que estaremos haciendo en la gloria para siempre.

Pero no debemos definir la adoración de una manera demasiado restringida, pues toda nuestra existencia será adoración. El Cielo —como hemos visto— será una realidad tanto física como espiritual, "un cielo nuevo y una tierra nueva" (Apocalipsis 21:1). Seremos administradores de esa nueva Tierra, dirigiéndola para la gloria de Dios. El autor de Hebreos cita el Salmo 8 al recordarnos que Dios hizo al hombre gobernador de la Tierra (Hebreos 2:7?8). Esta posición de autoridad, disminuida por la Caída, aún no ha sido restaurada plenamente, porque "todavía no vemos que todas las cosas le sean sujetas. Pero vemos [...] a Jesús, coronado de gloria y de honra" (Hebreos 2:8?9). La implicación es clara. Aún no vemos todas las cosas sometidas al hombre, pero las veremos; porque Jesús ha ido por delante de nosotros a nuestro favor, y viene el día en que se nos devolverá la mayordomía plena de la creación y cantaremos el salmo con un nuevo significado: "¿Qué es el hombre, para que tengas de él memoria [...]? Le hiciste señorear sobre las obras de tus manos; todo lo pusiste debajo de sus pies [...]. ¡Oh Jehová, Señor nuestro, cuán grande es tu nombre en toda la tierra!" (Salmo 8:4, 6, 9).

En este nuevo mundo se nos darán nuevas y notables tareas. Ante nosotros se abrirán caminos de servicio emocionantes, que demandarán el uso de todos nuestros dones y talentos, muchos insospechados o no desarrollados en nuestra existencia presente. "La razón, la curiosidad intelectual, la imaginación, los instintos estéticos, los afectos santos, las afinidades sociales, los recursos inagotables de fuerza y poder inherentes al alma humana, todos deben encontrar en el Cielo ejercicio y satisfacción[15]". Viviremos, por toda la eternidad, vidas humanas plenas y verdaderas, explorando y dirigiendo la creación de Dios para su gloria. Ante nosotros se desplegarán vistas fascinantes mientras aprendemos a servir a Dios en un universo renovado. "Cada actividad legítima de la (nueva) vida creada estará incluida en la vida de adoración del pueblo de Dios[16]".

Es estimulante pensar que cuanto más grande sea nuestra fidelidad ahora, más vastas y plenas serán nuestras responsabilidades celestiales. "Bien, buen siervo y fiel; sobre poco has sido fiel, sobre mucho te pondré" (Mateo 25:23). Cristo nos recompensa por el trabajo bien hecho confiándonos más responsabilidad.

¿Pero no echará a perder nuestro gozo si algunos reciben recompensas más grandes que otros? ¿No podríamos sentirnos celosos o desaventajados al ver a otros santos honrados por encima de nosotros mismos? De ninguna manera. El Cielo es un lugar de amor perfecto donde, por primera vez, amaremos verdaderamente a nuestro prójimo como a nosotros mismos. Ver cómo reciben bendiciones más grandes no nos hará sentir sino felicidad. ¿Qué padre verdadero se siente alguna vez ofendido cuando uno de sus hijos o hijas le supera? Nuestro deleite en su éxito es más grande que si el logro hubiera sido nuestro.

En cualquier caso, cada uno de nosotros recibirá tanta responsabilidad y tantas bendiciones como sea capaz de recibir. "Aunque habrá grados de gloria, sin embargo, todos serán completos y tendrán lo que puedan albergar; aunque unos serán capaces de albergar más que otros. Ninguno de ellos tendrá carencia alguna; todos estarán plenamente satisfechos y perfectamente bendecidos en el completo disfrute de la bondad divina, según sus capacidades aumentadas. Como cuando botellas de diferentes tamaños están llenas, algunas contienen más y otras menos; sin embargo, todas ellas tienen lo que pueden contener[17]". Lo que tenemos que hacer ahora es, mediante el crecimiento en la gracia y el servicio fiel, aumentar nuestra capacidad para la bendición futura.

Hechos para la eternidad

La perspectiva de vivir para siempre en un universo renovado da respuesta a la frustración que sentimos por la brevedad de la existencia terrenal. Porque los seres humanos siempre han sentido que la vida, aun la más extensa, sigue siendo demasiado corta. Hay tanto por descubrir en este mundo, tal variedad de experiencias que disfrutar y, sin embargo, tan poco tiempo disponible. ¡Cuántos lugares hay que jamás visitaremos, libros que nunca leeremos, grandes pinturas que nunca veremos, cuánta música que jamás escucharemos! Es desesperante ver semejante riqueza escapándose de nuestras manos con cada tictac del reloj.

¡Qué poco sabemos aun de nuestros amigos íntimos! ¡Qué reservas sin explotar son de carácter y percepción! Pero tardaríamos mucho en aprender todo lo que pudiéramos de ellos. ¿Y los millones de personas que jamás hemos conocido: sus personalidades y sus historias? Seríamos enriquecidos hasta lo imposible por su trato, pero nunca lo seremos; no en esta Tierra.

En nuestro interior somos conscientes de dones y recursos sin cultivar, de talentos y cualidades de los que solo somos vagamente conscientes. A un amigo de nuestra familia le preguntaron una vez si sabía tocar el violín. "No lo sé —respondió—, nunca lo he intentado". Estaba siendo gracioso pero, en cierto sentido, tenía razón. Hay más en cada uno de nosotros de lo que ya ha aparecido. Nadie ha visto nunca al verdadero tú aún. Ni siquiera nos conocemos a nosotros mismos adecuadamente. Pero no estaremos aquí el tiempo suficiente como para que nuestro potencial salga a la luz.

Después de una vida estudiando la Biblia, es sencillamente realismo, y no falsa humildad, reconocer que aún estamos chapoteando en la superficie de la Verdad revelada. Con respecto a la oración y la comunión con Dios no somos más que meros principiantes e, igualmente, somos novatos en la vida cristiana. Queremos ser personas mejores, más amables y menos egoístas, pero luchamos con personalidades dañadas y estamos desfigurados por las cicatrices del pasado. Las circunstancias han impedido nuestro desarrollo. Las oportunidades que otros han conseguido nunca se han cruzado en nuestro camino. ¡Hay tan poco tiempo para todo ello!

¿Sientes estas frustraciones? ¿No tienes un hambre canina de más y más de la vida? ¿Te duele el corazón ante el transcurrir veloz de los años? ¿No tienes una constante sensación de insatisfacción, independientemente de lo feliz que seas? ¡Siendo los seres que somos —en semejante mundo— con tan pocas cosas que sean posibles!

¡Alabado sea Dios por el Cielo! Porque todo anhelo bueno en nuestro interior es una indicación de inmortalidad, un eco de la eternidad en nuestras almas, un indicador de la vida eterna. No fuimos creados para setenta cortos años, "no nacimos para la muerte", en palabras del poeta. Nuestro Creador no concibió seres de tal complejidad y capacidad para un mero puñado de décadas. "Ha puesto eternidad en el corazón de ellos" (Eclesiastés 3:11), y no hemos sido redimidos para frustrarnos. "La vida aquí es demasiado corta, demasiado limitada para ser el final de los maravillosos talentos y aspiraciones del hombre dados por Dios. Apenas sí consigue tener hechos sus preparativos para una vida plena e inteligente, cuando llega el momento de partir[18]".

Dios tiene una eternidad planeada para que florezcamos en ella. En el Cielo, la existencia no será estática, sino un desarrollo continuado porque, aunque seremos perfectos, aún podemos cambiar y crecer. Jesús, de niño, era perfecto y, aun así, se nos dice que "crecía en sabiduría y en estatura, y en gracia para con Dios y con los hombres" (Lucas 2:52). Los anhelos y aspiraciones de los incrédulos quedarán insatisfechos para siempre, serán una vana parodia, pero Dios sacará a la luz en sus hijos todo lo que ha implantado en nosotros, en un universo de riqueza y belleza ilimitadas.

Lo mejor de todo: nunca terminará. Esta vida está ensombrecida por una conciencia de que nada es permanente, pero esa sombra se levantará en el Cielo. Richard Baxter llamaba la eternidad "la corona de las coronas". En momentos de total felicidad, una voz en nuestro interior susurra: "Quiero que esto dure para siempre". ¡En el Cielo durará!

El Cielo nos llama

¿A dónde vamos desde aquí? Todo depende de dónde esté el "aquí". ¿Cuál es tu relación con el Cielo?

¿Aún estás fuera? Hasta este momento has vivido tu vida en rebelión contra Dios. Nunca te has acercado a confiar en Cristo como Salvador. Tus pecados siguen sin ser perdonados, y el día de tu condenación se acerca. Sin embargo, en las páginas anteriores has leído un poco acerca de la felicidad y la gloria del Cielo. ¿Quieres ir allí? ¿No sería una tragedia para ti haber averiguado tanto acerca del Cielo y al final perdértelo? La única puerta al Cielo es el Señor Jesús, y esa puerta aún está abierta. Ven a Él y, por medio de Él, entra en la vida y el gozo eternos. ¿Por qué te negarías? ¿Qué buena razón puedes dar para rechazar a Cristo y elegir el Infierno? Si le pides que te reciba ahora, Él lo hará. Vuélvete del pecado y de la muerte y clama a Cristo para que te salve. "Porque de tal manera amó Dios al mundo, que ha dado a su Hijo unigénito, para que todo aquel que en él cree, no se pierda, mas tenga vida eterna" (Juan 3:16).

O quizá seas un creyente que necesita ahora el ánimo que el Cielo nos proporciona. La vida puede ser dura, y las buenas palabras no cambian eso. Pero "las aflicciones del tiempo presente no son comparables con la gloria venidera que en nosotros ha de manifestarse" (Romanos 8:18). El Cielo se acerca rápidamente y "esta leve tribulación momentánea produce en nosotros un cada vez más excelente y eterno peso de gloria" (2 Corintios 4:17). Cuanto más grandes sean ahora nuestros problemas, más grande será nuestra gloria después. Estas cosas pasarán pronto y estaremos con el Señor para siempre.

Y todos nosotros, que somos de Cristo, deberíamos vivir más consecuentemente a la luz del Cielo. Deberíamos tener una mente más celestial, porque nuestra ciudadanía está allí (Filipenses 3:20). Esta doctrina nos insta a que dejemos de perseguir las pequeñas fruslerías de esta vida y nos hagamos tesoros en el mundo venidero. No debemos negar con nuestras vidas lo que profesamos con nuestros labios.

Espero encontrarte en la gloria venidera. Hasta entonces, que Dios nos haga hombres y mujeres en cuyos rostros brille la luz del Cielo, viviendo de tal manera que la gente vea que somos diferentes. Entonces podremos llevar a muchos al Cielo con nosotros.

NOTAS

1 *The Bible and the Future* (La Biblia y el futuro), p. 285.

2 D.M. Lloyd-Jones: *The Final Perseverance of the Saints, Romans 8:17-39* (La perseverancia final de los santos, Romanos 8: 17-39), p. 49 (Edimburgo: Banner of Truth).

3 *Ibíd.*, p. 89.

4 Venema: *The Promise of the Future* (La promesa del futuro), p. 377.

5 *Systematic Theology* (Teología sistemática), p. 852.

6 *The Confession of Faith* (La confesión de fe), p. 383 (Londres: Banner of Truth 1869, reimpresión 1958).

7 Venema: *The Promise of the Future* (La promesa del futuro), p. 377

8 *The Prophecy of Isaiah* (La profecía de Isaías), p. 529 (Leicester: Inter-Varsity Press 1993).

9 Hoekema: *The Bible and the Future* (La Biblia y el futuro), p. 274.

10 *Works* (Obras), Vol. 2, p. 209.

11 *The Saints' Everlasting Rest* (El reposo eterno de los santos), pp. 290-1 (edición abreviada, Londres 1842).

12 Citado en John F. MacArthur: *The Glory of Heaven* (La gloria del Cielo), pp. 173-4 (Tain, Ross-shire, Christian Focus 1996).

13 *Letters of Samuel Rutherford* (Cartas de Samuel Rutherford), p. 111 (Edimburgo: Banner of Truth 1973); Carta 225 en la edición Bonar de las *Cartas*

[14] Richard Baxter: *The Saints' Everlasting Rest* (El reposo eterno de los santos), p. 44 (edición abreviada, Londres 1842).

[15] A.A. Hodge: *Evangelical Theology* (Teología evangélica), p. 400.

[16] Venema: *The Promise of the Future* (La promesa del futuro), p. 478.

[17] Thomas Boston; *Human Nature in Its Fourfold State* (La naturaleza humana en su estado cuádruple), p. 478.

[18] Loraine Boettner: *Inmortality* (Inmortalidad), p. 66 (Philadelphia: Presbyterian & Reformed 1956).